Seiroku Honda
本多静六

人生計画の立て方

東大教授から蓄財の神様に！
理想を実現した成功者が贈る
豊かに生きるための設計図

実業之日本社

私が平凡愚劣の生れつきをもって、
しかも、なおかつ
割合に幸福感謝の長い人生を
享楽し得たのも、

ひとえにこれ、
早くから自らの「人生計画」
実行に努力してきたおかげで

書斎でくつろぐ
晩年の本多静六

世の中には、
濡れ手で粟を掴むような旨いことが
そうザラにあるわけのものではない。
手ッ取り早く成功せんとする人は、
また手ッ取り早く失敗する人である。
蓄財を通して
われわれは色々の蓄積法を学ぶ。
力の蓄積、知識体験の蓄積、
徳の蓄積等はそれであって、
金銭の場合よりもむしろ、
この蓄積のほうが大事な場合がある。

人は学校をもってのみ
物を学ぶ機会と考えているが、
人生、学校で学び得るぐらいは知れたもの、
職業の精進によって初めて
本当の人格は磨かれ、
広汎的確な生きた知識を
獲得することになるのである。

東京帝大教授時代（大正中期）

私の略歴——

慶応二年（一八六六）、埼玉県三箇村河原井（現在の菖蒲町）に生まれた。十一歳のときに父を失い、百姓や米搗きをしながら苦学した。十九の春、東京山林学校に入学、第一期試験に落第、悲観して古井戸に投身したが死に切れず、思い直して決死的勉強の末、二学期引きつづき最優等で銀時計を賞与された。これで落第するほど愚鈍な生まれつきでも、努力次第で何事にも成功するという自信を得た。

そして働学併進が趣味となり、極端な耐乏苦学も、逆に愉快となり、満二十五歳で日本と独逸《ドイツ》の両大学を卒業、東京帝大の助教授になった。そのとき、生涯の生き方、すなわち人生計画を、「四十までは勤倹貯蓄、生活安定の基礎を築き、六十までは専心究学、七十まではお礼奉公、七十からは山紫水明の温泉郷で晴耕雨読の楽居」と定め、かつ毎日一頁以上の文章執筆と、月給四分の一天引き貯金の二つの行を始めた。そして四十歳で貯金の利息が本俸以上になり、宿願——万巻の書を読み、万里の道を往く——を実行、洋行十九回、足跡を六大洲に印し、三百七十冊余の著書を公けにした。

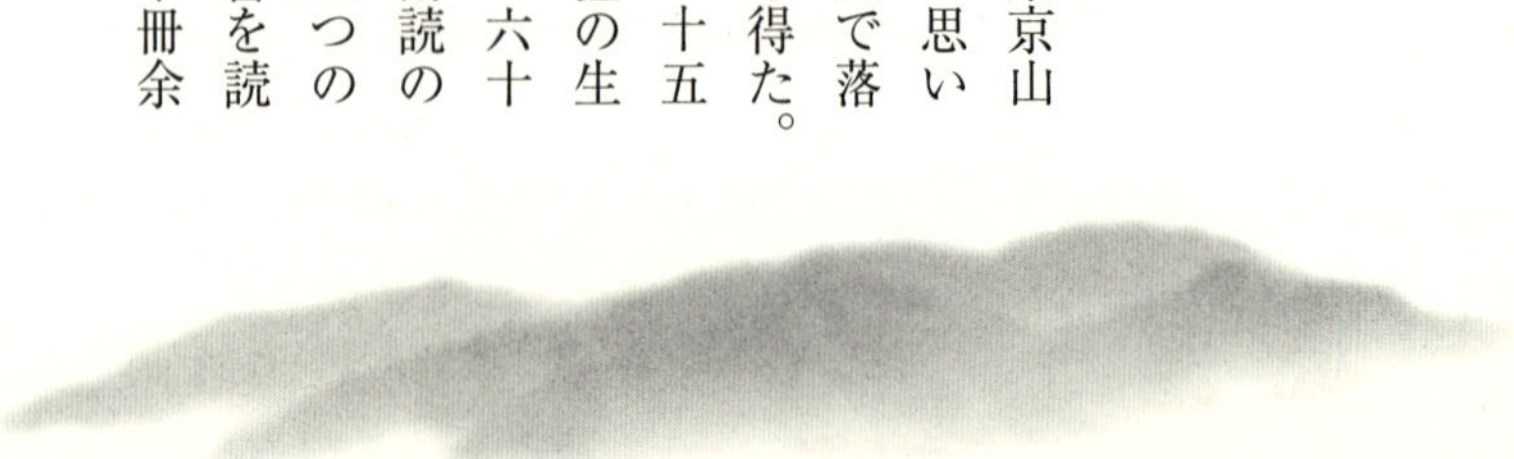

教職の余暇には東京府市・内務・文部・農林・鉄道等の嘱託顧問をし、日比谷公園・明治神宮・鉄道防雪林・国立公園・水源林・行路樹等の設計改良に当たり、また関東大震災後、復興院参与、都市計画委員、帝国森林会、庭園協会、都市美協会、学生誘掖会その他十七余の会長、副会長を兼ねた。また渋沢栄一氏等実業家の顧問としても、秩父セメント・武蔵水電・田園都市・日新ゴム等多くの開拓植林事業、各地水力発電所の風景破壊問題等を解決するなど、民間事業にも関係した。

満六十の停年後は「人並外れた大財産や名誉の位置は幸福そのものではない。身のため子孫のため有害無益である」と悟り、財産のほとんどすべてを、隠れて社会事業に喜捨、再び働学併進の簡素生活に帰り、七十歳までの十年間、宗教・哲学・歴史・経済・法制等の新刊書を耽読し、たまたまアインシュタインの相対性原理を知るに及び、大いに啓発されるに至った。爾来新たに十年計画をたて、学生時代に若返り、畢生の努力をもって「新人生学」の研究に努めている。

本多 静六 識

昭和二十六年十月

人間は活動するところ、
そこに必ず新しい希望が生まれてくる。
希望こそは人生の生命であり、
それを失わぬ間は人間もムダには老いない。

自著を積み重ねた横で

写真提供・菖蒲町教育委員会

序

本多静六博士の長逝は惜しみても余りがある。われわれはいまさらに、「本多博士の前に本多博士なく、本多博士の後に本多博士なし」の感がまことに深い。啻《ただ》に郷党の一先輩を失ったというばかりでなく、祖国再建の最も重大な秋《とき》にあたり、偉大なる指導者の一人を失ったうらみははなはだ切なるものがある。

博士の高邁なる識見と、該博なる知識と、崇高なる人格とは、一度《ひとたび》、親しく博士に接したる者の、ひとしく敬服に堪えざりしところであった。またいかに博士が、国家を思い、社会を念とし、さらに個人生活をも考慮せられ、事々物々の実際問題をもって、青年学徒といわず、後進後輩といわず、一般世人に適切な指導を垂れ、それに絶大の感化と影響とを与えておられたかは、実に、測り知られぬものがあったといわなければならぬ。

林学と経済とは、もともと博士の専攻とせられるところであったが、元来博士には、人生のあらゆる問題に興味と造詣がふかく、かつ何事にも、徹底的に突きすすむ素質と情熱とを有しておられた。いわゆる「往くとして可ならざるはなし」で、学者としても、教育家としても、経済家としても、また一種の警世家としても、多角的な性格に出で、多面的な活動にわたり、その足跡の偉大さは、断じて他の追随をゆるさぬものがあったといえよう。

正にわが本多博士こそは、比類稀なる人生行路の練達の士であった。得がたき八十五年の高寿を得て、しかも、これを二倍にも三倍にも、よく活かし、よく使い切った偉人である。

今回、その本多博士の遺稿として、「この人にしてこの著あり」ともいうべき、万人待望の好著『人生計画の立て方』が、その遺志により実業之日本社から発刊されるに至ったことは、私としてもまことに欣快にたえない。けだし、本書こそ、故博士のわれわれ後進に対する最大の贈りものとなるであろう。

昭和二十七年六月

中央大学総長室にて

法学博士　林　頼三郎

自序

私が初めて「人生計画」を思いついたのは、第一回ドイツ留学時代（明治二十三―二十五年）のことである。当時ドイツには、林業一代の経営法を研究する「林業計画」――森林経営学――なるものがあった。すなわち、その計画の確立によって、年々の事業を合理的に経営していくのであるが、私は、ドイツの林業がいかにも整然として、秩序的、経済的に運営されつつあるのに驚嘆の眼をみはった。同時に、このような計画性は、ただに林業上のみならず、吾人一代の生活上にもきわめて必要欠くべからざるものであることを痛感した。

そこで、ドイツより帰朝後、私は、さっそく粗笨《そほん》ながら自分の「人生計画」をたて、これを実行にうつす一方、ぜひともその後の体験と研究にもとづき、これをしかるべく体系づけようと考えついた。それが空しく五十余年を経過し、ようやくその着手に及んだのが、伊東隠棲後、七十八歳に至ってからのことであった。

昭和十八年十月のこと、たまたま、世界的に有名なドイツの地政学者エブナー博士が、巡回講演の途次、私の歓光山荘をおとずれ、その力作『ドイツ国民と森林』の原稿を示し、私にその批判と序言とを求められた。その際、談はからずも人生論に及び、この「人生計画」の稿書を示すに至った。しかるに、博士は非常な驚きをもってこれを迎え、人生計画学は世界万人の欲求するところであるが、それは非凡の才に加うるに長寿者でなければできない仕事だ。すでにゲーテのごとき、早くもこれに着眼して筆を染めたが、惜しくも稿半ばにして逝いたものである。それを貴下の手で成し遂げられたとはまことに素晴らしい。けだし世界最初の快著であろう。希《ねが》わくば速やかに完成の上一本を賜りたい、さっそくその要点だけなりと独訳したいと、言葉を極めて褒め上げられた。

もとより私も、遠来客のお世辞をそのまま真《ま》にうけるほどおめでたくはないつもりであるが、とにかく、人生指導に関する先哲の遺著すこぶる少なからぬ中に、人生全般にわたり、各年齢層それぞれに、適当な事例をもって指導した好著の見当たらぬのを遺憾とし、エブナー博士の勧説に従ってこれが完成を急いだ次第である。

いずれにもせよ、正しい科学的人生観に立脚した「人生計画」は、吾人がそれぞれ一代の人生を築く上に、必要欠くべからざる設計図である。設計図なくしては、いかに老練な建築家も立派な家を造ることができないと同様に、まず「人生計画」を樹てることなくして、何人も完全な意義ある人生を築き上げることは難しい。

まことに、「人生計画」こそは、人生充実の至福生活をもたらするただ一つの指針であるといわなければならぬ。

私の「人生計画」は私の体験と確信の所産である。正しくは私一個にのみ通用するものであろう。これをそのまま他の人の「人生計画」となし得るかどうかははなはだ疑問である。しかしながら、私の乏《とぼ》しきをもって築き上げた「人生計画」も、今後における時代の推移を考え、各人各自の性格と環境に適応して、諸君が諸君の「人生計画」を樹てられる上に、なんらかの参考にはなるものと確信している。少なくとも本書の一読が、読者諸君おのおのの「人生計画」確立の機縁ともなるならば、著者の望みは十二分に達せられたものと欣快に堪えない。

昭和二十六年十月

本多静六識

人生計画の立て方　目次

人生計画の立て方・進め方

我等いかに生くべきか 131

人生計画の立て方

装画／岡村夫二
装丁／清水良洋（Push-up）

人生計画の立て方

一、人生にはナゼ計画が必要か

人間生活と計画性

まずわかりやすいところで、動物の例をとってみよう。一般に動物の知識はすこぶる単純で、ただその動作を反覆してゆくうちに、自然にできる習性と記憶が、その知識の根柢となっているものだ。したがって、日常の生活が行き当たりバッタリで、なんらの計画性がない。習性になった自己の経験と、本能による無意識な知識で生きているばかりである。ところが、人間となると、さすがは「万物の霊長」といわれるだけあって、その知識もきわめて複雑で、物事を分析したり、総合したり、またいろいろなことをながく記憶する能力があるので、一つの事柄を中心にして、複雑にアタマを働かせることができる。これが人間と一般動物のまず大きなちがいになってきている。

もちろん、人間と威張っていても、やはり動物の一種である以上、固有の習性もあり、本能も大いにある。だが、教育とか教養の力で——近頃大分それもあやしくなったけれども——普通の動物のごとくそれをムキ出しにしないところが、人間の人間らしい取り柄《とりえ》になっている。すなわち、人間の本能は、教養の力によって適度に制御《せいぎょ》されれ、しかも日常生活では、多数の仲間（人々）の経験を分解したり、寄せ集めたりして得た知識にもとづく計画性をもっているものである。つまり、何事にも計画を立て、計画に律せられ、計画に従って生活しているのが、人間の特性ということになるのである。

言葉を換えていえば、人間とは計画生活を行う動物なのだ。そこで、私はよき人生はよき人生計画に始まる、といいたいのである。しかも、その計画は日常生活を基盤の上にしっかり樹てられなければならぬと思う。

日常生活と計画の有無

世の中には、意識的には計画のない人生を渡る人もないではない。しかしそういう人でさえも、無意識的には必ずある程度の計画性をもっているものである。

早い話が、どんなデタラメな生活をしている人でも、普通の感覚をもっている限り、明日のこと、明後日《あさって》のこと、次の時間、次の仕事を考えないで生活している人はあるまい。かように、いわゆる大計はなくとも、目前の小計はだれもがもっているはずだ。つまり、自分の行為の結果、現在の仕事の成り行きを予想することなしに生活し得る人間はないのである。

これが人間生活の本然の姿なのだ。

このように、人間の生活には、いついかなる場合も、本質的に計画性をもっている。それにもかかわらず、一見計画性のないデタラメ生活を繰り返しているようにみえるのは、畢竟《ひっきょう》、その計画をたてる態度が不徹底であったり、アイマイをきわめているからである。

われわれは三度三度の食事にもあらかじめ献立というものを作る。朝は何を食ったから、オヒルは何、それに考え合わせて、バンは何をこしらえようといった計画がある。台所に働く人々は、少なくともヒルの仕度をする際には、もうバンは何にするかと決定していなければならぬ。これをアイマイに考えていると、朝もみそ汁、昼もみそ汁、晩もみそ汁というようなことになってしまう。みそ汁もまことに結構なものであるが、これに多少の計画性を加えると、三度の食事がきわめて楽しく生きてくる。

ほんの目先《めさき》の、ごく短期間の行動ですら、こうしたものである。まして、われわれが、一生を通じてやる生活行動、全生涯の生き方に対しては、何人もよほど慎重な態度で、これを組織的、計画的、かつ創造的に、十分考えてゆかねばならぬことがわかるであろう。

二度と繰り返せぬ人生

たとえば、ここにある事業を指導管理する場合、まず事業の内容を、その仕事によって、それぞれの部局や課に分け、しかもそれを互いに密接に組み合わせ、できるだけ摩擦のおこらぬよう、一切の組織を計画的に秩序正しく立て、そうして創業設立された一つの目的に集中しなければならぬであろう。

畑仕事に例をとってみても、一段歩なら一段歩の畑に、何はどれだけ、何はどのようにといった割り振りがあらかじめ考えられる。そうして薯《いも》をとったあとへは麦をまき、陸稲《おかぼ》の収穫をすましたら菜っぱをまこうといった予定が立てられなければならぬ。また、農耕家ならだれでもそれくらいのことはちゃんとやっているのである。

それなのに、こうしたことを百も承知な人たちも、さて、自分の一生涯を運営管理する人生計画となると、これはまたなんとしたことか、全く無関心で放《ほう》り出したままの人々がすこぶる多い。そのときどきの推移にまかせ、環境に支配されて、自分の生き方を自分でどうにもし得ないでいる人々が大部分であるようである。これは、まことにもって不思議なことである。

しかし、これらの人々とても、決してそれを欲していないわけではない。実は自分をどうしたらよいかと心に思いわずらっていながらも、その境遇に引きずられ、不安に駆られ、消極的な気持ちになって、どうせ計画をたててもダメだろうと初めからあきらめていたり、あるいは計画をたてたとしても、自らの弱志のためにこれを破り去る結果となっているのである。

こうした有様の原因の多くは、たしかに根本的に意志の鞏固《きょうこ》を欠き、不用意、怠慢の罪であるといえる。何人も二度とは繰り返すことのできない貴重な人生に対して、こんなアイマイな態度をとっていていいものであろうか。いいことのあろうはずはない。断じて不可、私はこれを人生の自殺行為なりと断じたい。

計画性と自由性

「計画何々」なんて、近頃は流行《はや》らないよ、といわれるかも知れない。

計画という言葉は、ともすると自由と相反するもののように聞かれがちである。計画経済といい、計画配給といい、いままでのわれわれはそれからいかにも固苦しい感じをいだかされてきた。しかし、それはその計画性自身が悪かったのではなく、ただ、その実行上に多くの遺憾があっただけだ。本当の計画性はまた本当の自由性にも通じ、両者は決して対立するものではない。これは自由性が人間本能にそうものであると共に、前にも述べたように、計画性もまた人間性と合致するものであるからである。むしろ自由性を確保するための計画性であるとさえいえるのである。

すなわち、人生計画は決して人生の自由を束縛《そくばく》するものではなく、かえってその拡大充実をはかる自由の使徒だといっても誇張ではない。計画なくして自由なしとも断ずべきである。

過去においては、人生の目的はその刹那刹那の享楽にありとみられた時代思潮もあったが、この刹那主義、享楽主義は、およそ本来の人間性と相容れないものであって、これでは、本能にまかせての行き当たりバッタリで、前にも述べた一般動物の生活となんらえらぶところがないのである。人間の人間たるゆえんをみずから没却するものである。

われわれはすべからく、静かに過去を思い、現状を直視し、将来を達観して、避けず、恐れず、鞏固なる意志をもって、一生の生き方に組織的な計画性を与えなければならぬ。大切な全生涯の活動に秩序的能率的な一大プランをそえなければならぬ。すなわち、人それぞれの人生計画を立て、目標を定めることによって、一日一日の生活を希望に溢れ、歓喜力行につとめ、一歩一歩の生活を楽しく、有意義に張り切って働きつづけてゆけるのである。人生計画はまた一つの努力計画でもあるのだ。

向上と「努力の予定表」

計画の樹立がいかに人生に不可欠のものか、また「計画」が「自由」と決して対立的のものでないことも、これでよくわかった。

しからば、この人生計画はどんな方針で立てられ、どんな順序で決定されていくべきかというと、何人も自己の能力と考え合わせ、高からず、低からず、まず実行可能の範囲内に組み立てられてゆかねばなるまい。目標の高すぎるのも困るが、それかといって低すぎるのもなおさら感服できない。最大の努力をもってあがない得る最大可能の計画を立てることがのぞましい。それでこそ真に生き甲斐のある人生が味わえるというものだ。

この計画には必ず向上心の満足が盛り込まれていなければならぬ。いや、向上心の満足が計画の眼目でなければならぬ。向上即努力、努力即向上で、この両者を引き離して考えることはできない。いわゆる人生計画は、向上心の充足——つまりは「努力の予定表」なのである。

かくてわれわれが、この計画生活を完全に予定し、かつそれを実行し得たとき、果たしていかなる効果実益をもたらすものであろうか。ここにそれを列挙すれば、

(一) 仕事の順序を誤らず、おのおの仕事の段階を秩序整然たらしめること。
(二) 無駄がなく、無理がなく、仕事のでき高が殖《ふ》え、質もよくなること。
(三) 仕事の結果があらかじめ推測できるので、仕事の進行を思うままに制御でき、時間と労力が著しく節約されること。

（四）常に前途に希望を持ち、かつ現在に安堵し得て、よく焦慮と苦悩と疲労から免れられ、余裕ある生活を送り得ること。

（五）可及的速やかに成功し、健康長寿、福徳円満に一生を過ごし得られること。

その他いろいろある。このように、計画生活は人間の本性であり、しかもそれが正しいかどうかによって、その人間の価値が決定されるほど、重大な意義を持っているのであるから、われわれは周囲の事情と自己の実力とをよく考え、それぞれ立派な計画を立て、わが生涯を最も意義あらしめねばならぬ。

私が平凡愚劣の生まれつきをもって、しかも、なおかつ割合に幸福感謝の長い人生を享楽し得たのも、ひとえにこれ、早くから自らの「人生計画」をたてて実行に努力してきたおかげである。

二、私の第一次「人生計画」

満二十五歳での発願

私が「わが生涯の予定」として、最初に人生計画といったものをこしらえたのは、ドイツ留学から帰朝、満二十五歳をもって、東京大学助教授に任ぜられたときだ。それは序言の中でも述べておいた通り、ドイツの森林経営が、合理的、経済的な「林業計画」によって秩序正しく行われつつあるのを見、人生また計画なかるべからず、と痛感した、ドイツ留学時代の発想によるものであった。

それまでの私には、物心両面にわたって、幼少年時代から修学中に体得した信念が、すでにある一つの生活方向を指向し抜くべからざるものとなっていた。すなわち、「わが生涯の予定」は、このような基盤の上に、能《あた》う限りの細心な注意と、描き得る限りの遠大な理想とをもって、新たなる「人生計画」としてここに、いよいよ具体化せられたのである。

いま、その計画要綱を御披露に及ぶと、だいたい次の通りである。(満二十五歳を基本とする)

第一　満四十歳までの十五年間は、馬鹿と笑われようが、ケチと罵られようが、一途に奮闘努力、勤倹貯蓄、もって一身一家の独立安定の基礎を築くこと。

第二　満四十歳より満六十歳までの二十年間は、専門(大学教授)の職務を通じてもっぱら学問のため、国家社会のために働き抜くこと。

第三　満六十歳以上の十年間は、国恩、世恩に報いるため、一切の名利を超越し、勤行布施のお礼奉公につとめること。

第四　幸い七十歳以上に生き延びることができたら、居を山紫水明の温泉郷に卜《ぼく》し、晴耕雨読の晩年を楽しむこと。

第五　広く万巻の書を読み、遠く万里の道を往くこと。

以上いずれも、事ははなはだ明瞭簡単であって、いまさらの説明を要しないようであるが、これをこう定めるまでには、私は私なりに、それぞれの理由をもっているから、一応まずその内容の詳細を述べておくとしよう。

まず生活安定から

第一項の主要目的は勤倹貯蓄の実行である。この必要を痛感したことは、学生時代からの苦しい貧乏によるものであるが、これについては、従来すでにしばしば繰り返してきたからここには説かない。

今日、勤倹貯蓄は、ただちに国家社会への貢献につながるものとして理解されているが、当時においては、いまだそういう見解はなく、貯金はすべて個人的な経済行為とみられていた。それだけに、私が人生計画の第一項にこれをおくには、ある程度の勇気と決断とを要した。人はあるいは、この私の、経済的基礎の上に一家の安住を考える考え方に、最も大切な精神的要素を没却したものと批難するかも知れないが、その際の私としては、精神的要素を考えに入れるだけの余裕がないまでに、経済的困窮がはなはだしかったのである。この困窮の中から第一に把握した一家の安住法が、まず勤倹、まず貯蓄といった、生活の経済的条件をもって始められたのも無理からぬところであろう。

第二期の項目においては、もはや勤倹貯蓄を強調していない。だが、それは決してこれを否定し、不要視した意味ではない。ただ十五ヵ年間の貯蓄努力によって、十分一家安住の基となるべき資産を作り上げる自信があったからである。もっとも、その貯蓄といっても、何も百万の富をのぞんだわけでなく、せいぜい数万円もできればよいと思っていた。もちろん、明治中葉での数万円はきわめての大金で、せいぜいというそのせいぜいが、なかなか大変なものであった。しかも、働くということが人間生涯の理想であり、目的であるから、この条項には、もっぱら学問のため、社会国家のために働き抜くことを決定したのである。

職域活動からお礼奉公へ

第三項は第二項の発展であり、さらにこれを徹底化したものである。すなわち、この十年間は、地位も、名誉も、財産も求めない完全な奉仕生活だ。ふつつかな人生計画ながら、もしそれが曲がりなりにも貫徹できたならば、これは決して私一個の努力によるというものではなく、取りも直さず、国家社会の恩恵にあずかった証拠であるから、極力それらの恩に報いんと誓ったわけである。

さて、孔子のいわゆる「朝《あした》に道を聞くを得ば夕《ゆうべ》に死すとも可なり」で、私はこの人生計画の中道に倒るるとも、倒れる直前までその道を踏み外していなかったら、それで潔《いさぎよ》しとする——と、こういう覚悟の自分ではあったが、幸いにも第三項の完遂をみることになったら、そのときこそは、悠々自適の余生生活を晴耕雨読の中に送ろう、この程度のゼイタクは、いかになんでも、それ以前の懸命の努力に免じてゆるしてもらえるであろうと考えた。これが第四項の計画目標である。

いや、晴耕雨読、これも決してゼイタクではない。七十歳過ぎた老人には、最もふさわしい御奉公である。これによって得たものが、ある程度おのれを資し、さらに他者後進にも資するところがあれば、それも立派なお役に立つというものだ。とくに山紫水明の温泉郷に隠棲の地を選んだのは、もしできればの希望を多分に含んだもので、私が十六歳の初夏、恩師（島村泰先生）のお供をして日光湯本におもむいたときの幸福感が染み込んでいたのと、抵抗力の減じゆく老人には、そうした場所が最適であろうと考えての意味合いであった。とにかく、この第四項が、当時の私にとって、人生計画の最終点として夢みられたものである。

さらに第五項において定めた、広く万巻の書を読むこと、遠く万里の道を往くことも、少年時代米搗きをしながら覚えた古い文句である。学究としての生涯を送る上の日常的な心構えを端的に述べたものに過ぎないが、前四項までが主として物的な生活面と社会的な活動面を規定したのに対して、これはいささか本多個人の理想の姿をえがきあらわしたものであるといえよう。

めでたしめでたしの終結

さて、これらの計画は、さらにそれぞれ具体的な実行案が立てられ、断乎死守の決意をもって出発された。そうして、そのいずれもは、予定通り、もしくは予定以上の成果を収め得たのである。少なくとも自分自身ではさよう満足感を抱《いだ》いている。

現に私は、この予定表になかった八十歳以上にまで健康体をもちこし、従来のままの予定計画では、社会情勢の変化や、また自らの環境変化も加わり、とうとうそれが間に合わなくなったところまできてしまったのである。そこで、その後さらに改訂に改訂を行い、新しく「人生計画」の決定版というべきものをこしらえ上げ直したのである。（その新計画に対して、便宜上この第一次計画を、私の旧「人生計画」と呼ばさせてもらうことにする）

ところで、その旧計画実行についての実際であるが、正直をいうと、ときにいささかの迷いもあり、過怠もあって、せっかくの計画にゆるぎの出そうなこともあった。しかし、幸い私も、中道において倒れることもなく、またイヤになって投げ出すこともなく、ついに、七十歳以上、晴耕雨読の第四期時代にまで到達するに至った。あるものは予想以上に、またあるものは多少の遺憾を残して、ともかく一応の完遂をとげたのである。

しかも、なおなお余生があり、旧「人生計画」には予定しなかった八十、九十の追加計画をも樹てなければならなくなったのだから、私の第一次人生計画も、まずはメデタシメデタシというところだったろう。

こうした約五十年にわたる、私の旧「人生計画」実践の過程に、さて、どのような困難が伴い、どのような誘惑や批難やが待ち受けていたか、またどのようにそれを切り抜けてきたかは、すでに前著**『私の財産告白』**と**『私の生活流儀』**でくわしく述べてきたところで、これをいちいちここに繰り返すことは、私としてもできるだけ避けたいし、読者諸君としてもまた迷惑千万であろうと考えるから、一切はこの両書にゆずって、本書にはわざとこれを割愛することにする。しかも、この実践経過を知ることは、私の「人生計画」を了解するためにきわめて重要なことであるから、未読の方々には、ぜひ一応お目通しおきくださることを切望する。（いずれも実業之日本社発行）

三、理想はさらに理想を生む

目的達成の悲哀

前述のように、私の第一次「人生計画」は、幸いどうにか満足の得られる実を結んだ。そうして、山紫水明の温泉郷にといった、理想的な晴耕雨読の地も、伊東市鎌田の歓光荘にこれを得ることができて、昭和十七年いよいよ、七十七歳でこの地に移り住んだ。

しかし、実をいうと、いよいよ人生計画の最終段階に達して、感謝と満足に明け暮れる生活であるはずなのに、移住当時の私には、ときとして仄《ほの》かに脳裡をかすめる充ち足りなさに、われながらふと驚かされることがあった。いったい私はなんに不満を感じていたのだろうか。あえて心にとめなければ、それは見逃してしまうほどかすかなものではあったが、私には何かしら深く考えさせられるものがあったのである。

古人も、「理想は結局理想であって、決して実現さるべきものではない。すなわち、実現すればもはや理想も現実だ。したがって、その現実の上にさらに新たなる理想が築き上げられなければならぬ」という意味のことをいっているが、まことに理想には終点がない。若い時代に抱いた理想も、いよいよそれが実現されたとなると、その目的達成の現実の上に、もう次の理想が生まれてくる。人間の本性として、常に現実には満足し切れなくなるのだ。いわゆる勝利の悲哀ともいうものであろうか。

二十五歳で樹てた人生計画を、苦闘五十年の努力で、いよいよこれを現実化した七十翁の私をして、驚きにも似た一抹の淋しさを感じさせたものは、果たしてこれではなかったか。

私は、その物足りない淋しさをそのままにして、しばらくはその本体を見極めようともしなかった。不平不満のあるべき生活ではなかったし、永い間の宿願の達せられた生活でもあったのだから、物淋しいと感ずるのは、ただ老境に入っての心の衰えを来《きた》したせいであろうと軽く考えていた。しかし、そのうちに、判然とした形態において、幾多の疑惑が去来するようになった。過去に対する疑惑もあれば、そのときの在り方についての疑惑もあった。しかも、疑惑は疑惑を生み、枝から枝が出るように、多岐多様にわたっていった。

われ誤《あやま》てり？

まず私が、最初に行き当たったものは、私と同じような生活をしている人のすべてが、同じように抱くであろうところの疑惑であった。すなわち、私の現在の生活は自給自足であるとはいえ、自分一人のみがこのように安楽な生活を営むことが、果たして正しいものであるかどうか、これは間違っていやしないか、という疑いである。

私の老後生活は、それこそ完全な自給自足で、だれからもなんらの助けをかりていない。少なくとも社会に対して大きな迷惑をかけていないつもりである。だから、実は自得の上に、他人にまで勧奨したいと思っていたほどであるが、さて社会の邪魔立ないということだけでいいものか。もちろん、これは恥ずべきことではない。しかし、そこには、社会進歩に貢献しようという積極的意欲が少しもない。

かつて「人生計画」をたてたときには、七十歳まで徹頭徹尾努力をつづければ、あとはもう勝手気ままな安楽生活を送ってもよいと考えたのであるが、いまその七十歳過ぎになってみて、ただ老人たるのゆえをもって、世間にかまわず自分だけが安楽生活を営むことがゆるされるかどうか。とにかく、私は七十歳に達したとき、これで一応人生のオツトメは終わったように解したのであるが、いまにして思えば、ちと早まり過ぎたような感がしないでもなかった。これは恐ろしい錯誤だったとも考えたりした。

人生には人生の任務が終わるということがあるはずはない。先哲先賢は、臨終の朝《あした》までいずれも道を極めることを怠らなかった。つとめつとめて、わが道の足らざることを恐れた。それだのに、未熟もはなはだしい自分ごときが、七十歳で一応任務をつとめ果たしたように考えるのは、僭越でもあり、また軽率でもある。まさしく人生への冒涜《ぼうとく》である。ああ、われ大いに誤てりの感が、ここでむくむくと湧き起こったのである。

すべては向上への過程

人生は、生ある限り、これすべて、向上への過程でなくてはならない。社会奉仕への努力でなくてはならない。もし老人のゆえをもって、安穏怠惰な生活を送ろうとするならば、それは取りも直さず人生の退歩を意味するものでなければならぬ。

老人も働くに堪えないほど衰弱した人ならばそれもゆるされよう。やむを得ない話だ。しかし、私の場合、どうみても働くに堪えないとの逃口上《にげこうじょう》はなんとしてもできなかった。一般の老衰者の場合と事情がちがう。

当時の私は八十歳近くであったが、アタマもカラダも少しも衰えたという自意識はなかった。かえりみて、六十歳前後の頃と少しも変わらない。念のために受けてみた東大医学部での健康診断でも、なんらの持病もなく、異状も認められない。十分な健康体であるとの折紙をつけられたほどである。その私が、いま、老人の名にかくれて、安楽怠惰な生活を一人でたのしんでいていいものであろうか。どう考えてもゆるしがたいことでなければならぬ。いわんや、「人生即努力、努力即幸福」なる人生観に到達して、自らもそれを確信し、他にもそう教えてきた身として、これはどうやら矛盾もはなはだしいものである。

こうして、私自身の生活に向けられた私自身の疑問に応えて、消滅し去った旧「人生計画」に代えて、新しい第二の「人生計画」を樹立する必要を痛感するに至ったのである。

わが生活態度の反省

第二に起きた疑問は、私の過去の「人生計画」に向けられたものであった。

先の疑問が私の現在の生活に対して投げかけられたものであったが、これはさらに過去にさかのぼって、いままで実行してきた人生計画への反省でもある。

いったい私の旧「人生計画」は、果たして間違っていなかったかどうか。古くさい明治初年の――いわば文明開化の自由資本主義時代にたてた「人生計画」であってみれば、もはや多分に時代遅れの唾棄《だき》すべきものになっておりはしまいか。これを曲りなりに実践してきて、能事終われりとするに、過ちがありはしまいか。この疑問は第一の疑問よりさらに根本的なものといえよう。この疑問がもし全面的に肯定された場合には、私はついに人生の支柱を失ってしまうことにならなければならない。

しかし、われとわがこの疑問に答えるべき、ある程度の自信はもっていた。実行に伴う体験は必ずしも無意義、無力なものではなかった。

なるほど、私が旧「人生計画」をたてた当時からみると、時代はいろいろと変転した。文化の向上もあり、文明の利器も続々と生まれた。けれども、思想的、精神的にはどれだけの進歩があったろうか。そいつはおいそれとは認められない。動揺常《つね》なく、ときには左翼が幅をきかすとおもえば、右翼もまた鳴りをしずめてもいなかった。右し、左し、ついには旋風のごときファッシズムがわが国を支配するに至った。そうして、このたびの戦敗によってファッシズムが解体せられるや、いわゆる民主主義の奔流は、たちまち国の隅々にまで滲透し始めた。しかも、その帰趨するところは定かではない。

時代進歩への考察

つまり、この新しいデモクラシー（民主主義）も、歴史は繰り返す、明治初代の繰り返しに過ぎない。ヤッサモッサ、もみにもんで、結局は同じところに踏みとどまっているに過ぎない。五、六十年間の時の経過も、民主主義は民主主義たることに変わりないのであるから、私のかつて樹てた「人生計画」も、その骨髄においては立派に生きており、立派に今日の役に立ち得ると考える。

しかし、現在の戦敗復興の日本の立場は、かつての躍進日本の立場とはすこぶる異なっている。したがって、私が自分の「人生計画」を後進の若い人々にすすめるにも、新時代意識の下に、旧「人生計画」を分解し、新しくそれを組み立て直さなければならない。もっと新時代的に、もっと新科学的に、もっと積極的意欲を盛り上げた構想において、根本的に新「人生計画」を勘案しなければならない。大いなる疑惑の発生に対し、自問自解の結果、私はこう痛感し、こう結論づけることとなった。

年齢上の大番狂わせ

なお、私が新「人生計画」を第二次的に決定した重大原因として、もう一つ年齢のことを挙げなければならない。

私の若い頃の予想では、七十歳以上生き伸びることについて、必ずしも自信は持てなかった。もし幸いに七十以上に生きられたら、こういう生活に入りたいものだと、いわゆる希望的観測を加えての人生計画が、旧「人生計画」の第四項目となってあらわされたのだった。しかし、ここに、実際に七十を越え、八十に達してみると、今後まだ二十年や三十年は生きられそうな気持ちが萌《きざ》し始めた。つまり、隴《ろう》を得て蜀《しょく》を望む寿命欲が出てきたのである。生きようと思えば生きられるという自信、生きなければならぬという覚悟、また生きたいものだという努力は、少なくともその希望するところに、自然と近からしめるであろう。それがまた最上の健康長寿法でもあるのだと気付いた。

そこで私は、少なくとも今後二十年以上、希《ね》わくば百二十まで——できるだけ遠大な理想を盛り込んでの、新「人生計画」をたてねばならない。これは若い頃には全く予想もしなかったところで、いわば大きな番狂わせである。

人間が七十年生きる想定での旧「人生計画」と、百二十年生きる想定での新「人生計画」には、そこにおのずから大差あるべき道理であろう。少なくとも、私としては、旧「人生計画」に欠除された、八十、九十といった新計画の増補を行う必要にせまられたのは当然である。

人生計画における加長年齢の問題は、若い読者諸君にははなはだ突飛に聞こえるかも知れぬが、私にとってははなはだ切実な緊要問題であった。いや、むしろいまだ老年期に入らぬ青壮年に対してこそ、いっそう考慮を要する問題といわなければならぬ。

とにかく、私は、私自身の本来的な姿にかえって、真面目に、静かに、それを考えつづけた。そうして、この点からも新しい「人生計画」の必要欠くべからざるを痛感した次第だった。

新「人生計画」の必要

以上もろもろの疑惑と反省とは、ついに私に新しい「人生計画」を創らせることとなった。ようやく衰勢におもむき、やがては枯渇《こかつ》するかにも見えた旧「人生計画」の日常生活からは、再び滾々《こんこん》たる人生の泉が流れいでて、私の新しい新「人生計画」は始まったのである。

私の多年の経験と成果からいって、人間は順調にあればあったで人生計画もたてやすいが、逆境に向かえば向かったで、またいっそう人生計画がたてられ、それが実現に対する勇気をも湧き出させてくるように考えられる。

今日この未曾有の困難な時代に、各人各自に最も適切な「人生計画」を樹てることは、けだし自分のためばかりではない、子孫のため、子弟のため、同志のため、そうして、さらに大きく社会国家のためとさえ思えるのである。しからば、新しい「人生計画」はいかに樹てられるべきかというに、まずいまの新しい科学的人生観の上に、現在の国情と将来の推移とを併せ考察し、しかもできるだけ可能性の限度を高きに求めたものでなければならないのだ。

それには、取りあえず、不出来ではあるが、私は私の新「人生計画」を語り、読者諸君の御参考に供したいと考える。

四、私の第二次「人生計画」

まず目標の樹立

一日の計画をたてるにしても、一年の計画をたてるにしても、その期間になすべきことを予想した上でなされるごとく、人間の一生の人生計画にもまた同様の注意が必要である。それのみならず、人生は一生涯を期間とし、再びやり直しのできないものであるから、その計画に当たっては、ことさら慎重を期さねばならぬ。しかし少年時代までは自力で自分の人生計画をたてるわけにはいかない。いまだおのれの性格もわからず、変転しゆく時世の波の見通しもつかず、独り歩きができない生活であるから、とうてい生涯の計画など思いもよらない。したがって、教練期、すなわち二十歳未満は、計画樹立の準備時代として、師父先輩の意見に従い、だいたいの方針だけで進むほかはない。

しかしながら、この教練期における学校生活は、一つの社会として重要な鍛錬場となるのだ。ここに、われわれは、幾多の級友先輩と、常時切瑳琢磨の機会が与えられるのであるが、これ実に、人生行路上における貴重な時期であって、身心両面の錬成により、ガッチリ人間としての基盤を作り上げていくのである。

「人生計画」は、正にこの基盤の上に打ちたてらるべきで、つまり青年期から勤労期に入り、いよいよ自分の職業を決定すべき時に至って、初めて具体的に樹立されなければならぬ。しかし、この頃は夢が多く、ややもすると自分を買い被るから、ぜひとも長上とよく相談する必要がある。適当の長上が見当たらぬ場合は、読書その他によって進むべき方向を感得せねばならぬ。そうして、いよいよ計画を組織するに当たっては、まず自分の性格と、体質と、家庭や境遇に即したものであることもちろんであるが、なおわれわれは時世の波に沿うて、自分が一生涯に到達せんとする確乎たる最高目標を定めることが肝腎である。

いうまでもなく、この目標が自分の実力以上にひどくかけ離れた大計画では、とかく机上の空論になり終わるおそれがあるが、さればとて、あまりに小さ過ぎてもいけない。その程度は、あらかじめ達し得ると推測できる目標に、さらに高遠雄大な理想が多少加味されたものが適当であろう。すでに前々から説いてきたように、計画は向上を意味し、努力を意味するのであるから、目標の中には、われわれの撓《たわ》まざる修業の姿が盛り込まれ、向上発展の企画が含まれねばならぬのである。

目的への最短路

かようにして目標が樹立されたなら、その出発点から目標に向かって、一直線に線を引く。これは完了段階に至るまでの最短路、すなわち、理想的直線行路である。しかし、事実それを実践にうつせば、予定通り直線であるわけにはいくまい。屈曲があり、波瀾があって、自分の踏み行く道は、けだし人跡未踏の茨の道であろう。この道に向かって、全生命を打ち込みながら、あらゆる危難困苦に打ち克って進むのが、人生本来の姿である。

それはそれとしてともかく、目標への一直線を引いたなら、次にはこの直線に対して、各段階を年齢的に区分する。これにはのちほどいろいろに説くような諸要素が中心にならなければならない。かようにしてまず全生涯を大別した上、その全体を、それを構成する要素に分解し、各要素の価値と順序を判断して、しかるのちいよいよこれを総合、そうして最も適当な、かつ有利な時期を考え、各年齢ごとに配列していく。

しかし、年齢といい、期間というような計画段階の区分上の基礎的要素は、その人の心身の強弱、性格、生まれつきの貧富、境遇並びに時流の変化に伴って変化するのは前にも述べた通りである。これらの点を考慮に入れつつ、次の人生行路表の、一般的年齢区分を基礎として、新「人生計画」をたてるのである。

新人生計画一覧表

期名	年齢	期間年数	計画目標	計画方法
第一、教練期	**六―二〇**	**一五**	人間らしく働くための準備	勉学、錬成の徹底化、克乏生活の訓練（従順・学習・錬成）
少年期（教養）	六―一五	一〇		
青年期（錬成）	一六―二〇	五		
第二、勤労期	**二一―六五**	**四五**	身のため国のために働き、名利を蓄積する	勤倹貯蓄、職業の道楽化、成功（職域奉仕・縦横活動）
少壮期（働き盛り）	二一―三五	一五		
中壮期（分別盛り）	三六―五〇	一五		
大壮期（知能盛り）	五一―六五	一五		
第三、奉仕期	**六六―八五**	**二〇**	名利に超越して、世のため人のため働く	名誉職、世話役、官公吏、人生指導等（奉仕的、円満無碍の活動）
初老期（お礼奉公時代、感謝時代）				
第四、楽老期	**八六―一二〇以上**	**三五以上**	働学併進、努力道楽の晩年を楽しむ	晴耕雨読、顧問相談役、身の上相談、遊覧指導旅行等（和顔慈眼、光風霽月）
中老期（指南時代）	八六―一〇五	二〇		
大老期（無為化時代）	一〇六―一二〇以上	一五以上		

人生コースの四分法

人生コースの直線は、まず四分し、教練期、勤労期、奉仕期、楽老期の四つに分ける。そしてさらにこれを八期に細別し、それに至る計画目標及び計画方法を前表のごとくに決定する。

なおここに、この計画目標と計画方法について簡単に述べるならば、満六歳より二十歳までの十五年間は、身心の教練時代として、もっぱら身体と知能の健全なる発育錬成に努め、満二十一歳より六十五歳までの四十五年間は、身のため国のために働く。すなわち、国家社会目的に沿うた科学的勤労道を決定して、人生の活動期として悔いる所なく、最も有効適切な勤労にはげみながら、あらゆる面において老後の準備をする。満六十六歳から八十五歳までの二十年間は、お礼奉公時代として、全く報酬や名誉に超越し、もっぱら過去の経験と日進の科学知識を生かして、社会国家のため全力を打ち込み、八十六歳以上は晴耕雨読、働学併進の簡素生活を楽しみつつ、かたわら後進の相談や人生指南に当たるというのである。

旧計画と新計画の対照

このように年齢的に計画をたてることは、もっぱら便宜上のことであり、一般的な普通人を基準として作られたものであるから、非凡な天才的素質を持つ人々には、年齢的にみて、数年ないし十数年の伸縮があってもよい。そうして、それら天才人に対しては、今後はとくに国家が最高教育を附与するであろうから、二十五ないし三十歳以上まで大学院等で勉学を続け得られることになるかも知れないし、それにまた、三十ないし四十歳前にすでに勤労に成功して、いち早く奉仕時代に入るものもあろう。さらに八―九十ないし百歳以上まで、お礼奉公として国家社会に重きをなすものも出てくるであろう。しかしこれは少数の人に限られた特殊の場合で、一般人の計画は、どこまでも前表を基本として適切有効に樹てられるべきである。

なおこの人生計画案は、万人に通ずる一理想案であるから、各人はみなその個性に即して、おのが有する才能を推考し、各期間に多少の変更を要するのはもちろんである。生来の虚弱者が八―九十までの活動を予定するのはちょっと無理であろう。いわんや、百歳の人寿は、ただそこに希望を置くという一種の長寿法でしかない。

まただいたいの計画のほか、細部の計画について、最初より楽老期に至るまでを詳細に予定することは、事実上でき難いものである。現に私のごときも、最初の案（旧人生計画）には六十歳まで勤労し、六十以上十年間はお礼奉公、その後は晴耕雨読と決めただけであったが、いよいよ六十になってみると、その先二十年くらいのやや細かな予定表が作りたくなって、八十歳までの計画をたて、さらに八十近くになってみて、八十後の具体計画をたてる必要に迫られたのである。

ゆえに、何人もまず八十くらいまでの詳しい人生計画をたて、八十近くになればさらに二十年先の百歳までぐらいを予定し、細かい計画をたてるというふうに、十年ないし二十年を単位として、次々に人生計画をたてていくのがよいと思う。そうして、私のいわゆる新「人生計画」は、これによって再建され、それによっていま、日に日に新たなる努力生活が営まれているのである。

人事を尽くして天命をまつ

いったい人生の幼少年期には、理屈——すなわち、科学的指導——はわからないから、理屈抜きの宗教的妄信によって善行にみちびくほかはない。次いで、少青年期に入ると、科学を学び始めるから、科学知識の進歩と共に、幼少年時代の妄信をすてて、漸次科学的指導にすすみ得るのである。そうして、壮年時代には、全く妄信から脱却して、もっぱら科学知識によって人生の営みを行うようになる。

ところが、それがいよいよ老年期になると、科学知識を乗り超えて科学霊感の知識に到達する。これは青壮年時代の科学的原理と、永年にわたる体験との上に立つ、いわゆる「勘《かん》」の世界というものである。老人はこの科学的霊感によって、自らの晩年生活を営むと共に、後進をもいろいろと指導する。これが老人の老人らしい特徴で、世俗にいう、亀の甲より年の功の、その年の功なのだ。

年の功といえば、人生にとって体験ほど尊いものはない。体験はすべての知識、学問、考察にまさる人生の収穫である。生きた知識、生きた学問、それがすなわち体験なのである。老人が老人としてもし他に誇るべきものをもつとすれば、それは長年の間、いわゆるムダメシを食ってきてはいない体験の豊富さである。老人の最も有意義な生き方は、その体験を自分自身にはもちろん、それに乏しい後進者のためにもできるだけよく生かして使うことであろう。

そこで私は、人生各時代の指導法を、右の原則的な特質にのっとり、それに適応するよう、第一次計画（旧人生計画）達成と共に、一切を振り出しへ戻して、半ばは自己において実行するため、半ばは他者に説き示すため、右の新「人生計画」表を勘案したのである。そうして、私自らは奉公期の延長から正に楽老期に入らんとしつつあるのである。

しかも、その楽老期の長さの如何《いかん》は、一に全く、天帝の思召《おぼしめし》にまかせ切って、日々を感謝と希望に送るのみである。

人生計画の立て方・進め方

一、実際に即した立案と実行

人生計画と生活環境

すぐれた建築設計が、地位地形やその他の特殊事情を十分考慮した上で作られなければならぬと同様に、人生計画もまた、各自の生活環境、時勢の推移、自己の実力等をよく勘案して決定されなければならぬのはいうまでもなかろう。

いかに立派な人生計画でも、実現不可能のものでは、所詮あってなきに等しい。空中の楼閣、絵に描かれた餅でしかない。実現可能性のあることが、絶対第一条件だ。細心な現実的の注意と共に、遠大なる理想を仰ぎつつ、しかも自分の実力に即して立てられたものこそ、真に賢明なる人生計画といえよう。

そこで、新しく人生計画を立てようとする人のために、念のために、まずそれに最も必要な五要素といったものを申し述べておきたい。

一、正しき科学的人生観に徹すること。

二、どこまでも明るい希望を持つこと。

三、なるべく遠大な計画をたてること。高遠雄大な希望を抱いて前途の大方針を仰ぎ、伏して心を静め、自身の足下を見つめて、現在の実力、境遇に応じ、順次下方より確実な一歩一歩を真面目に築き上げていくこと。

四、人生計画は、焦らず、休まず、怠らず、日に新たなる努力精進をもって、終局において必ず大成するよう、拙速、僥倖、場当たり、投機等の危険をいささかも含めぬこと。

五、人間は所詮「時代の児」であるから、計画も努めて科学的の進歩と社会発展の線に沿わしめること。

要するに、われわれは、自己の実力と、才能と、そして健康と境遇とを参酌して、時世に最も適した人生計画をたてていかねばならぬのである。

二十年一期の刻み方

繰り返していうが、この「人生計画」は、あくまでも普遍的な大方針の決定であって、いわば人生建築の青写真の作製に過ぎない。理想勘案の範囲内にとどまって、巨《こ》細《さい》な建具造作の類までは行きとどいていない。そこで、つづいてはこの大方針の肉付け、すなわち、理想の計画をめざして、各段階を乗り越えていく実践計画の設定が必要とされてくる。

さきの計画が理想的総括的であるのに比べ、これは現実的分析的で、常に実践とのつながりをもち、自己の能力と性格が汲みとられ、社会環境にそう具体計画となってこそ初めて意義をもつ。そうして、一定区画の精密な細分が行われなければならない。

ところで、それを解くには、時間的、年齢的観念による区分が最もよろしいようである。すなわち、向後の十年、二十年を大観した上で、これを一期とみるのがいい。

私は自分の体験から二十年を一期とみなした。そうして、これを前後十年宛の二期に分かち、さらにそれを二半分して、まず五年間の具体計画を立てたのである。つまりは、二十年の後期四分の三はいずれも大綱にとどめて差し支えないのであるが、差し当たっての五年間は詳細にその実行計画を立ててかかるのである。しかも、この五年間が、さらに各年別に分けられてくると、その諸項目はどうしても具体的ならざるを得なくなろう。そうして、一年の計は元旦にありで、各年初ごとにそれぞれ卓上日記の初めにでも整然と列記できる事柄のみとなってくるのである。

さて、二十年、前後期十年宛、そのまた半分の五年、いよいよ細かく一ヵ年ごとの計画に移るのであるが、ここまでくれば、もはやだれにも立案し計画できないということはない。ちょっとした日記のはし、懐中手帖の余白にでも書きつけられて事が足る。しかし、私はこれを次のように実行してきたのである。

私は、私の予定計画記載に当たって、それぞれの重要性、論理的なつながりを考え、ついで季節の変化による能率の限度をも参酌しながら、各月の行事に分析配列していく。そうして、最後は、月々の実行案が日々の予定欄に按配されることによって、あとはもう、実践するばかりに完全するのである。

そして、日ごとに考量される仕事の力量は、各人の能力や健康より判断し、自分の力量より少し高く見積ったものがよろしいと考え、そのようにつとめてきた。しかも、それは、あくまでも弾力性があるもので、実際的可能性の限度を越えぬことが大切である。私の場合、その結果ははなはだ満足すべきものであった。

凡人も非凡なことができる

かように、諸条件を難しく考慮に入れ、いくつもの分類をしていくことは、一見煩《うるさ》いようであっても、目的完遂を希求する熱心誠意をもってすれば、なんでもないものである。

一日―一月―一年―五年―十年―二十年―それ以上、という実行予定が一度体系づけられてしまえば、もはや軌道を走る汽車と同じで、ただ情熱と努力の原動力さえあれば、その進路を踏み外す憂いもなく、その進度はいかなるときでもよくわかる。そうして、日々のその予定を実践しつづけることにより、間違いなく目的の彼岸に到達し得られるとの予想は、日常生活をこのうえなく張り合いのあるものともするし、うるおいに満ちたものにもする。

もちろん、最初はかなり意識的な努力を必要とする。しかし、それが着実に実行されていくとき、いよいよ自信も生まれ、新たなる工夫も積まれ、計画の遂行それ自体が面白くてならなくなってくるのである。

日々の小さな成果、それは一年と積まれ、五年、十年と積み重ねられて、やがては自分の最善の知能と努力を完全な計画遂行にみちびいていく。偉人傑士の大業にしても、多くは日々、一歩一歩の努力の集積の上に打ち立てられたものであって、そこには、秀吉でも、家康でも、ないしは近代における大実業家諸氏でも、必ず高度な計画性の活用のあったことが見出されるのである。

二、計画実現に望ましい生活態度

処世九則

計画はいかにそれが上出来であっても、計画にとどまるうちは無価値である。人生計画は人生の青写真であるに過ぎない。実践に移して初めて、その価値を生ずるものである。考えたこと、計画したことを、われわれは行うことによって真に知り、真の力を得るのである。いかに小さな、つまらない仕事であろうとも、その一つ一つを完全に成し遂げていくことによって、われわれの自信はそれだけ増し、さらに大きな仕事をする基礎がつちかわれてくるのである。したがって、われわれは人生計画の最小区画である日々の実行を怠ってはならない。そうして、生活的にも、職業的にも、社会的にも、絶えず前進せねばならないのである。しからば、前進しつつ世に処するにはどういう態度をとったらいいであろうか。
私は具体的に要約して、それには次の九則をもって答えたいと思う。

第一　常に心を快活に持すること。

これは基本的な健康要素ともいえよう。人は気の持ち方一つで、陽気にも陰気にもなり、愉快にも悲しくもなるものである。元来、悲しいとか嬉しいとかということは、その主観を通じて各自それぞれに味わう感じ方であって、絶対的なそれではない。いかなる不幸、苦境に遭遇しても、それよりさらに深刻な場合にぶつかったことを考えるならば、まだまだこれで倖せだったと心の平静を取り戻すことができる。世を憂《う》しとみれば、四辺たちまち荒涼寂莫の世界と化し去るけれども、楽しとみれば、どこからともなく歓声嬉語がみちあふれてくるものである。
顔は心の鏡ともいうが、心に喜びがあり、感謝の念があれば、だれしも自然とニコニコ顔の福相となる。釈尊のいわゆる「和顔愛語《わがんあいご》」は、外からかたちつくられずして、内から湧き起こってくるものだ。少青年にして、——壮老年でも同じことだが——常に明るい顔、明るい態度がとれるならば、人からも可愛がられ、引き立てられ、やがては華々しい成功の基となるのである。

私は常住坐臥《じょうじゅうざが》、絶えず愉快に生きるために、毎朝目覚めると、まずきょうも生きていたことを何よりも有難くおもい、忙しければ忙しいほど仕事がたくさんできるとよろこび、日々健康に、日々愉快に働ける自分自身に感謝している。そうして、もし病気でもするようなことがあれば、久し振りで休息の時間を与えられたと感謝しつつ十分休養をとり、全快後の活動に対する準備計画などをもくろんだりする。このように、心の持ちよう一つで、あらゆる苦しい方面、いやな暗い方面を取りすてて、楽しい愉快な方面にのみ心を振り向けることにすれば、だれしも常に快活に面白く働ける。それにはなんらのムリも、ムダもなく、おのずから健康の法にも適《かな》うのである。

ここで大いに注意すべきことは、遠慮や負け惜しみ、極《きま》りがわるいとか、億劫《おっくう》だとかということが、心を快活にもちつづける上に大禁物だということである。何事も無邪気に、気取らず、てらわず、正直に、知らないこと、迷うことは、すべて率直に問うべき人に問うようにしたい。これが常に向上の基となり、安心の礎となって、何をやるにもテキパキと働き得て、快活な心はいよいよ快活なものとなるのである。

第二　専心その業に励むこと。

これは社会的、経済的、また生活的な成功の要素だ。人が職業を選ぶには、よく自分の体質や性格を考え、師父先輩の意見を尊重斟酌して選ぶべきであるが、一度《ひとたび》これを決した上は、もはや迷わず、疑わず、専心その業に勉励することである。たとえ初めは、自分の性格才能に合わないと思われるような仕事でも、専心打ち込んでかかることによって、いつしか上手にでき、面白く働けるようになってくるものである。その結果、何人もついに、その職業を趣味化し、道楽化し、容易に成功がかち得られるに至るものである。

世の人の成功不成功といった事蹟を調べてみると、だいたいその両者の努力には大差がないにもかかわらず、不成功者はいずれも、いま一息というところで肝腎《かんじん》な打ち込み方が足らない。山登りにたとえてみるならば、八合目、九合目辺りで苦しくなり、いやになり、ついにその登坂《とはん》をあきらめるか、思いかえして他のコースに転じたりするからである。

いかに有為有能な人材でも、一つの仕事に打ち込んで、それを大成せぬ間に、他の仕事に眼を移したり、中途でほうり出したまま、他へ転ずるというようなことでは、精力の分散となって、自然無駄も多く、ついにその初めの一事をだに成功しがたいことになるのである。これに反して、いかに微力不才と思う人であっても、その全力を一つの目的に集中すれば、必ずある程度の成果がかちえられる。したがって、何人も一点に集中、一事に沈潜し、専心その業を励むにおいては成功うたがいない。

ことに少青年時代から、少壮、中壮時代ともなれば、ようやく職業に慣れ、仕事にも習熟して、積極的な興味も次から次へと湧き出してきて、これを面白くてかなわぬまでに道楽化することはいとも容易である。しかもこの場合、自然と本職以外に手を伸ばし、関係を拡げる機会も生じてくるものであるが、それはあくまでも本職本業を完全に果たした上のことで、その余力をもって、比較的本業に関係深い仕事に限る必要がある。この選択を誤って手を拡げ過ぎると、いわゆるアブハチ取らずの妙な結果になってしまう。

人間の能力にはもともと一定の限界がある。その限界をこえて、いくつかの仕事に、名誉とか収入を目的に手を出すと、十分な責任が果せないばかりか、そのいずれをも不成功にみちびくおそれがないでもない。要は努力主義の努力も、まず自己のチカラに相応させてかかることである。

専心その業に励むためには、第一に時間を厳守することから始まらなければならぬ。たとえていうならば、勤務先に定刻または定刻以前に必ず出掛けるようにする。まず九時に始まるところなら、五分ないし十五分は早目に出て、その日の仕事の計画に十分の余裕を与え、退出の時間も同じように五分ないし十五分遅くする。そうして、その日の仕事にチャンと締めくくりをつけ、鉛筆をけずり直し、道具を磨き上げておくとか、ほんの僅かなことでも、明日の仕事に差し支えないように用意をととのえておく。定刻に出勤しなくとも仕事の能率さえ挙げればよいとか、その日の仕事が片付いたから時間前に退出するとか、時間つぶしにぶらぶら遊びをするとかは、いずれも不熱心、不規律を暴露したもので、職業の道楽化にはなかなかもって縁遠いといわなければならぬ。

もともと、仕事を先へ先へと運ぶようにし、用事をあとに残さない習慣を身につけておくことは、仕事を面白く支配し、職業を自分自身のものにしてしまうゆえんであって、仕事に追われ、仕事に支配されるのとは大きなちがいである。

第三　功は人に譲り、責は自ら負うこと。

これは人の長となる者の心得だ。人にはだれにも多少の自惚《うぬぼ》れがあるもので、優秀者というにあらずとも、少壮時代——三十歳から三十五歳頃まで——においては、ややもすれば自己の力を過信し、先輩をしのぎ、同僚を追い越そうとする傾向がある。

そこで、そうした傾向のつよい人は、何事にも無理が生じ、先輩にきらわれ、同僚ににくまれ、それが思わざる不利として身にふりかかってくる禍因となる。自惚れもほどほどにはいいものでもあるが、ここまでくると自惚れも困ったものとなる。

実際に、職場での仕事で、自らの功と思えるものでも、よく考えてみると、決して自分一人の力でできたものはほとんどないといってよろしい。先輩の指導にもよるし、また同僚の協力にも負うことが多い。ことに一部一課でまとめ上げたような場合は、それを代表する上長者は決して功を一人占めしてはならない。たとえ自分がすべてを手掛けたものでも、できる限りその功は人に譲り、責だけは自ら引き受けるようにしたい。多数の部下をもって、それを愛するならばなおさらのことだ。総じて何事にも同僚を先に立て、自分はその下にもぐって「縁の下の力持ち」をつとめるように心掛ければ、同僚もそれを認めずにいられないし、先輩も決して見逃しにするようなことはない。そうして、だれしもそういう性格の人と共に計《はか》り、共に仕事をするようにしたいのだから、自然とその人は引ッ張り凧にされ、知らず識らずのうちに、上長者に押し上げられもするし、また上長者としての好評を博することにもなる。

このようにして、おれがおれがの出しゃばりをせず、「縁の下の力持ち」をもって、できるだけ功を人に譲るようにしておくことは、ちょうど勤労効果を貯金しておくようなもので、いつの日にかは必ず元金のほかに利息までついて返ってくる。たとえ直接の対手から返ってこなくとも、別の方面から思わぬときにひょっこり返ってくる。したがって、この勤労貯蓄の多い人ほど成功し、立身出世も早くなってくるわけになる。功を急ぎ、功を誇ることは何人にも大いに戒められなければならぬ。

勤労の結果をただちに受け取ってしまおうとする人は、少しも貯金をしない人と同様に、その日暮らしにつまずきをすると、もうどうにもならないことになる。とうてい大成する望みはおぼつかない。

第四　善を称し悪を問わないこと。

これは社交上最も大切な秘訣である。いかなる悪人でも、その人の何から何まで全部が悪いこともあるまい。それと同時に、いかなる善人でも、その人の何から何まで全部善いこともあるまい。人それぞれに、長所もあれば短所もある。不評判な人にも必ずどこかに良いところ、長じたところがあるにきまっている。その悪いところには対手にならず、その美点長所だけを対手としてつき合えば、何人とも友人になれる。「あいつはいかん」ということはない。まことに「長所と交われば悪友なし」である。

親兄弟や師弟の間柄では、互いにその悪癖欠点を注意し合うことも必要であるが、普通の友人つき合いや一般の社交上においては、あからさまに人の悪いところを忠告したり、欠点を指摘したりする必要はまずまずない。むしろ大いに慎まなければならぬことだ。

それがたとい好意の忠告や指摘であっても、忠告を受けた人の気持ちはよくない。自分の欠点短所に気付くと、だれしも一時は感謝の言葉でこれに応えるけれども、一度自分の欠点を見抜かれたというひけ目を感ずると、いつかはその人をけむたく思い出し、ついには友人としての交わりを絶つに至るものである。したがって、これを避けるためには、対手の悪い点に気付いても知らぬ顔で見すごし、ただその人のよい方面だけ称揚するようにする。そうすれば、自然と自らの欠点にも気付き、人知れずそれを改めることにもつとめるし、またどんな敵意を抱く人でも、自分の長所を褒められて悪い気持ちのするはずもないから、いつしかその敵意も失せ、自らも大いに反省して本当の友人ともなれるのである。

まことに、水清ければ魚棲《す》まずで、人はあまりに潔癖苛察《けっぺきかさつ》に過ぎると、その人自身が世に容れられなくなるもので、言葉の送り出し方一つで、口は凶器ともなれば利器ともなる。われわれはつとめて常に人の長所美点を称揚するようにすれば、いたずらに災禍を招くことがないばかりか、人を正し、人を教え、しかも自らの品格をたかめて、他からの信望をも厚くするゆえんともなるのである。

第五　本業に妨げなき好機はいやしくも逸しないこと。

これは積極的活動の方針だ。前にもしばしば述べたように一度定めた職業は、一生それを貫き通す覚悟で突きすすまなければならぬ。しかし、本業一つに沈潜し過ぎていると、自然専門外のこと、本業以外の分野には全く盲目になってしまうおそれがある。それではどうも面白くない。エブリシング・フォア・サムシング（あることにすべてを）であると同時に、サムシング・フォア・エブリシング（すべてのことにあることを）もまた望ましい。そこで、専門以外、本業以外のことについて知る適当な機会があったら、この場合好機を逸せず、できるだけ見聞し、調査し、その要点をしっかり把握しておくのがよろしい。そんなことをやっていては本業がお留守になるという危険があれば、本業を妨げないという限度に立ち返って、その余を捨て去ることの必要はもちろんである。

いうまでもなく、私の専門は「山林」であったが、かつて内務省の煙害調査委員となってセメント工場におもむいた際、私にとっては無関係と思われたセメントを一応研究しておいたところ、あとになって全国山林を視察して歩くうち、その原料土質の豊富と工場立地に適した地域を発見して、ここにセメント工場を建設すれば有望だと、自信をもって実業家にすすめ得たことがある。しかも、それが立派に成功したのだった。また私は、旅行するときにはいつも、尺度の目盛《めも》りをつけたバンドを締め、同じく目盛りのついたステッキをたずさえることにした。そうして、行く先々で、交通機関や、公園設備や、その他の都市計画などをみて、これは新しい、これは珍しいと感じたことは、なんにでも立ち入って調査をすすめ、バンドやステッキで寸法までとって丹念に記録しておく。これが後年、私の風景地問題や、公園、鉄道、ホテル、温泉、その他の観光事業に関係せしめる因となり、また東京市の震災復興に際して後藤新平氏を援け得る絶好資料ともなったのである。

とにかく、あらゆる機会を利用して、ごくおおざっぱでもよいから、各種各様の実際を調べておくと、その生きた知識がやがていろいろな仕事に役立つもので、本人自身もいよいよ各方面に重宝される存在となって、その活動分野も次第に広くなってくるものである。しかし、あくまでも本業第一のことであるから、細部のことはすべて専門家の再調査や実行に任せることにし、二足草鞋《わらじ》のどちらが本職かとうたがわれるようになってしまってはならない。さらに、いかに機会を与えられたからとて、投機事業や賭博行為に手を出すことなどは厳に戒めなければならない。

第六　常に普通収入の四分の一と臨時収入の全部を貯えること。

これは独立生計の基礎を築き、致富への出発となるものであって、何人にも絶対必要な人生計画である。その成果は、人間処世の対外的実勢力ともなり、また最も大きな基盤となるものであるが、これについてはすべてを既刊の拙著『**私の財産告白**』にゆずることにする。

第七　人から受けた恩は必ず返すこと。

これは人生当然のことで、いまさらいうまでもないことであるが、それが実際にはあまり行われていない。行われていないからこそ、受けた恩を返すという人間当然の行為が、また善行美談として世に称せられているのである。大道すたれて仁義あらわるというが、世の中には忘恩の徒が多い。それだけに、このことをとくに挙げなければならないのである。

恩は恩で返せ、断じていわゆる仇《あだ》で返すようなことがあってはならぬ。しかも、その恩に恩をもって報ゆる謝恩は、できる限り早く、そのときどきに行うようにつとめるがよい。たとえそのかたちが軽微なものであっても、その誠意は可及的速やかに表明することにしたい。それで誠意が先方へ通じるのだったら、僅かハガキ一枚でも、電話一本でも、また対手方の玄関に立って謝辞を述べるだけのことでも結構であると思う。

ただ衷心から有難い、どうして報恩しようかと考えていたところで、考えているだけでは先方には通じない。それがかれこれ長びいてしまえば、やはり忘恩の徒と誤解されてしまっても仕方がない。世間には人にさんざ世話になりながら、成功するまで一切の音信《いんしん》を絶ち、立派に成功した上で急におとずれ、その人を驚かせ、謝恩の実もつくそうと考えている英雄主義のものもあるようであるが、それは一つの虚栄にしか過ぎない。

人の世話を惜しまぬ先輩上長者は、何もその本人が大成功して、思わぬときにうんと謝礼してくれることをのぞんではいない。本当の親切心から、あれはああしてやったが、その後どうしているだろう。旨くいっているか知らん、失敗しやしなかったか知らんと、常にいろいろと心配をつづけているものである。そこで、一度世話を受け、恩になった人には、その後の中間報告を怠らず、心配の上にも心配をかけぬ程度に、自分の現状をこまかに知らせるのがよろしい。音信不通の上、突如として驚かせに出るよりは、どれだけそのほうが謝恩になるか知れはしない。

英雄主義や芝居気たっぷりも、決して悪いことではないとしても、もし成功前に報恩の対手に他界されでもしたら、どうして謝恩の道が立とう。いかに悔やんでも追ッ付くものではない。しかも、恩を受けてすぐ謝恩の礼がとれないぐらいの人なら、十年はおろか、何十年たっても報恩のできない人と認めても差し支えないとさえ思われるのである。

「孝行のしたい時分に親はなし」ともいうが、これは必ずしも親孝行に限ったことではない。善事は少し宛でも、早くこれを行うほうがいい。人生はきょうを除いては不確かなもので、一生の一キレが、きょう踏む一歩の中にあることを忘れてはならない。正に善は急げである。

なお、私の乏しい体験をもってしても、人にいろいろな世話を頼み、紹介や斡旋の心配をかけ、依頼の際のみやかましくいってきながら、その結果がすぐどうなって、どの状態にあるかを報告してこないのがすこぶる多い。これなどはのちにその紹介先の人にあったり、斡旋事項の変化にぶつかった際、こちらとしても挨拶や処理の方法がなくて当惑することで、その事後報告だけでも、謝意の一端になることを若い人々にぜひ知っておいていただきたい。

第八　人事を尽くして時節を待つこと。

これは一種の安心立命法である。前述の七条項をいかによく実行しても、何事も時節というものが熟してこなければ、決して予定通りの成功を収めることはできない。

とにかく、少なくとも右の七ヵ条の実行に心掛け、その全力を尽くして事に当たれば、その成果は決して疑いないものであるが、事いまだ成らざるは、時節いまだ来らざることを信じて、さらにいっそうの努力をつづけ、その時節の到来を待つべきである。

しかも、その時節の到来は必至なのだ。

この安心と覚悟がないと、いかに努力だけをしても、そこに大きな焦りが生じてきて、成るべきことも往々にしてついに成らないで終わるようになる。少なくとも焦慮のあまり病気なぞになってしまう。

実際、いかなる不運、不幸も、不景気も、決してそれが永久的につづくものではない。時計の振り子のごとく、また波の起伏のごとく、やがては元に戻るものである。時が来れば必ず元へ盛り返すものである。したがって、われわれ順調のとき、好都合のとき、得意のときには、一刻の猶予をおかず、大いに活動し、大いに伸びるべきである。その代わり、逆境のとき、思うに任せぬとき、失意のときにはよく耐え、よく忍び、鳴りを鎮めて雌伏すべきである。また雌伏を幸い修養の工夫をし、知識をやしない、英気を加えて、じっと時節の到来を待たなければならぬ。

こういう態度で事にのぞめば、順も可、逆もまた不可ならずで、どちらへ転んでも、実力の発揮と実力の貯蓄時代となる。実力さえおのれにあるならば、風雲到来の暁はいつでもただちに奮起勇進することができる。「事を破る多く得意の時に存す」という語もある通り、「事を成す多く失意の時に在り」といえもするのである。得意に慢心し、好調に軽率に陥るはもとより慎まなければならぬのであるが、失意に喪心し、不調に悲観し切るのもはなはだよろしくない。また順調のときいたずらに左顧右眄《さこうべん》し、用心に過ぎて時機を失するのもいけない。そこはほどほどによく大勢に順応して万遺漏なきを期すべきであろう。

すべての事業は、順境に乗ずるときは労少なくして功多く、逆境においてはいかに焦慮するともその効果はなく、かえって苦痛と失敗を増すぐらいが落ちとなるものである。したがって、むしろ順境のときは積極的に働き、逆境のときは退いてよくこれを忍び、実力を貯えつつ、おもむろに悠々時を待つに限ると思われる。つまりは、「時を見る」のと「時を待つ」のが成功の秘訣で、時を味方に引き入れなければ何事も成就するものではない。耐え忍べ、そうして、時の来援を信じて待て――これが私の最終条項としていいたい人生計画必成のコツである。

世の中には、濡れ手で粟を掴むような旨いことがそうザラにあるわけのものではない。手ッ取り早く成功せんとする人は、また手ッ取り早く失敗する人である。真の成功には速成もなければ裏道もない。あせらず、怠らず、長い道を辛抱強くすすんでいくよりほかはない。大いなる人生の歩みには、乗り遅れを心配しなければならぬようなバスもなければ、また向こうから声を掛けて止めてくれるようなタクシーもないのである。

第九　原則として個人間に金銭貸借を行わぬこと。

もう一つ最後に、世に処する態度として、ぜひ気を付けなければならぬことをつけ加えよう。

それは、個人的の金銭貸借をできるだけ避けることだ。つまり、親戚知友間において、一切の金銭貸借を原則として行わないということである。

事業上、銀行その他の正規金融機関から金を借りることは当然で、時と場合によってはそれも絶対必要なことである。しかし、事業上の必要資金といえども、これを親戚知友間の貸借に求めてはならない。一切、貸すな借りるなでいきたい。まして生活的な消費に当てる金はだれからも借りるものでない。またたれにも貸すものではない。これを人から与えられるような意気地のないことがあってはならないが、事情の如何によっては、人に貸すことを断っても、与えることは時にやむを得ない場合がある。すなわち、人に金をくれることがあっても、貸すことは絶対に避けたいのである。

これこれの事業をするから資金を出して頂きたいとか、これこれの入り用で貸与を願いたいとか、ある程度経済的独立を完成した人には必ずどこからかの申し込みがある。経済的独立の完成どころか、やっとメドがつくかつかぬに、他人のふところを目当てに、鵜の目鷹の目といった手合いから、虫のいい無心を受けることの多いのに驚く。こんな場合、少しばかりいい顔をしたいばかりに、とんだ馬鹿をみるのが世の中である。しっかり腹をきめて、キッパリ断るべきものを断るのが、自分のためでもあり、また対手のためでもある。下手な金銭貸借は恐ろしい両刃のやいばで、貸す人借りる人の両方を必ず傷つける。

そこで、もしこうした無心を申し込まれた際は、その事情によっては、頼まれた額《たか》になお幾分かの熨斗《のし》をつけて進呈するもよいし、何かを売ってそれだけを作る方法を教えてやってもよい。多くの場合、何も人に頼みにこなくとも、その決心さえあれば、自分自身の思い切り一つでなんとかなるものである。もっとも、そんなところまで強いことをいわなくとも済むものであるが、ともかく、個人間には決して証文をとったり、返却を見込んで融通したりなどはしないことだ。

「気の毒は先にやれ」といった古い言葉もあるが、正にその通りで、一度は気拙《きまず》い思いをしても、個人間の貸し借りは思い切って断るのがお互いのためである。シェクスピアの戯曲の中でも、「金を貸すことなかれ、金の貸与は金と共に友までも失ってしまう」と戒めているが、そうした実例は世の中にははなはだ多いものである。これは洋の東西、時代の古今を問わぬ勘定と感情の、二つのカンジョウ問題なのである。

さらにまた、融通する金がなければ、借金の保証に立ってくれと食い下がられる場合がよくある。これはもちろん、金銭貸借と同じにハッキリ断るべきである。またやむを得ずその保証に立つことになった際は、必ず向後何年、金額何円までと、期間と金額に制限をつけてかかる用意がなければならない。私の知友——東大教授で著名な経済学者——で、初めはホンの僅かな借金の保証をしただけであったが、それが回り回って高利貸しの手に渡ったため、ついに一生涯俸給の差し押えを食いつづけて、とんだ気の毒な目にあった人さえある。実際、貸金の戻らぬぐらいはまだいいほうで、借金の保証ほど危険極まるものはない。

さらに、学会、慈善会、県人会、学校その他各種の団体に対する寄附金などは、すべて即金、または一時金で済ますようにし、年賦あるいは将来の負担で予約を行うべきではない。その金額のごときも、必ず資産（不勤労所得）より生ずる年収の四分の一以内にとどむるがよろしく、職業上または生活上の一種の義務分担でない限り、勤労収入を割くことはできるだけ避けたい。任意の寄附行為で、それも大して意義をもたぬものに、年俸（月給）や未来の不確実な収入まで充《あ》てることは、愚かなる見栄、つまらぬ痩せ我慢といわなければならぬ。単なるおつきあい、単なるお義理でするものであれば、その総額は右に述べた資産収入の四分の一以内でよろしい。それ以上は一種の浪費癖ともみるべきで、それほどの公共心があるならば、いっそう大まとめにまとめて、一時に投げ出すほうが生きて働くものである。この寄附金に対するけじめもまた金銭貸借のけじめと同様に、処世上の大きな肚の決めどころである。

人間は人からケチといわれたくないと思うために、どれだけ多く本当のケチに陥らざるを得ない状態に追い込まれているであろうか。それを思えば、本当のケチに陥らないための、最初の小さいケチは、むしろ自信をもってこれを断行するに越したことはないのである。

ここで私の実行してきたことを一つ申し添えれば、各種の会や団体に加入する際、年々の会費を分納することなしに、十倍、二十倍に相当する一時金を納入して、いつも終身会員の資格を得るようにつとめてきた。これはそれだけの金が出せなければ入会しないのだから、よくよくつまらぬ会に入らぬことにもなるし、いったん入った以上はその会のために身を入れて有利有益な活動もできるからである。さらにまた年功を積み、長生するに従って、その関係する方面も拡げられるのであるから、後腹《あとばら》が痛まぬように、その都度決着をつけておけば、次に入らねばならぬ会にも気安く入れるし、事実年々または月々の会費納入は、自他共に煩に堪えなくなるおそれがあり、それをできるだけ避けようとも考えたためである。

三、学校の選び方と進み方

進学指導は小学時代から

少年期の初め（六歳）からその終わり（十五歳）までの生活は、もっぱら師父または先輩の指導にまつものが多い。なかんずく、小学校六ヵ年間の修学は申すに及ばず、いかなる子弟も、さらに中学校の三ヵ年を、その義務として通わなければならぬ。したがって、一見何も問題は起こらぬようであるが、すでにその学業に、性格に、次の段階に進むべき萌芽がはぐくまれつつあり、将来どの方面に身を立てるかの岐路にあって、彼らの特質を見きわめ、その進路を選定しなければならぬ父兄、教師、先輩の責任は重かつ大である。ことに中学に入ってからは、一種の職業指導を兼ねて将来のことをよく考えてやらねばならぬ。

少青年は情熱に富み、伸びんとする力は強いが、過去の経験にとぼしいため、自然思慮も浅く、迷妄に陥りやすい。したがって、私は多年次のような標準によってこれを指導してきたのであるが、その結果はきわめて良好であった。

（一）小学校六年間の在学中、初めの四年間はともかく、終わりの二年間を引きつづき首席を占め、次席との間に格段の差をみせる児童は、いわゆる天才的な閃《ひらめ》きをもつ優秀者とみとめ、生家の貧富、職業の如何にかかわらず、高等学校から大学への進路を考慮すべきである。それらの秀才に対して、日本育英会その他の公的奨学機関もあり、ぜひともそれらの利用をはかることにするがよい。なお親戚の有力者、篤志家の援助を仰ぐという手もあるが、できることならそうした個人的援助は避けて、しかるべき国家的もしくは公的機関に頼るほうが好ましい。将来はいっそうこの種の設備機構も完全するであろうから、秀才者並びにその父兄は遠慮なくその利用を考えることにしたい。何百人に一人、何千人に一人という優秀児童は、国家社会の大切な宝でもあるので、単なる父兄や家庭の都合のみでその進学向上の途をはばむべきではない。

（二）右に述べた場合のほか、普通の成績にある児童も、もしその実力と家庭の事情で、高等学校から大学まで行ける者は、その欲するまま、能うままに進学するのも結構だ。しかし、私はだれも彼も無理やりに、また無自覚に、人も行くから自分も行くというように、ただ漫然と大学まで行くことには賛成しない。できるだけ速やかに、またできるだけ的確に、その子弟に適した職業にすすみ得るよう、その個性と特技に応じた実業課程を選定すべきであると考える。

秀才の場合・凡才の場合

ところが、終戦後の学制改革は、その最も適当とみられた実業学校を廃し、三年制の高等学校に併合もしくは併科してしまったので、その職業教育はすこぶる不完全なものとなった。これに関する限り、私はむしろ改悪だったとみ、はなはだ残念に思っている。いずれ近き将来に再び学制改革も断行されるであろうが、それまでは差し当たり現行の高等学校へ行くほかはない。それも私は、できる限り商業高等、工業高等、その他農業、水産、鉄道等、職業教育の特色をもった所を選びたい。そうして、大学へ進むにしても、医学、薬学、理工学等以外は、二ヵ年で終わる短期大でよろしいと思う。これまた、いずれ年限その他の考慮があって、元の専門学校化する時代も必ずあるものと信ずるので、ズバ抜けた秀才以外は、実業学校（旧制に復すとして）以上にすすむとしても、非実用的な大学よりも専門的短大（専門学校）を選ぶことにしたい。それ以後の勉強は実地に当たりながらのものがかえって本当の効果がある。

実際において、今日の高等学校普通科では、職業的ななんらの素地は養われない。中途退学でもすればますます使いものにならぬ。したがって、ただこれだけでは適当な職が得られないのみか、たとえ得られたとしても、一定期間ははなはだ大きなムダがあり、本人もまた、苦しまなければならぬ。仕方がないので、本人の実力や家庭の経済事情を無視して、ムリに大学へでもすすむほかはなくなるであろうが、その効果はいよいよ芳《かんば》しくない。いたずらに齢を加えた平々凡々の職場人を作るだけで、国家社会の損失も大きい。したがって、私は特別な優秀者以外は、中学（現行）卒業以降は、いかなる手段方法でもよろしい、ともかく、一日も速やかに就職への近道を考えるのが一番よろしいと力説する。この際、高等学校の進学を選べば、前記の方針によって実業高校を採るべきである。

さて、実業高校卒業の際、とくに優秀性を発揮するもの（順位は百人中一―五番）にして、なお進学の希望あるものは大学へ、大学以後は成績によって大学院まで行かせるのもいい。そうして、実業界への進出を思いとどまって、学者学究として立つのもあえて反対しないところである。

大学へ行く人・行かぬ人

次に、小学、中学（現行についてのみいう）の義務教育を受けたのみで、高等教育を受けなかった普通一般の子弟は、どう指導し、どう人生計画を樹てしめたらよいであろうか。

一日も速やかなる就職就業へ。――これが昔から変わらぬ私の答えである。商店の小僧に出るもよい。工場の少年工員になるもよい。大工、左官の徒弟となるものもよい。商家、農家、その他としての自家作業に従うのもよい。いずれもそれは一個の職業人となる大切な修練期であって、この期は一刻もムダに徒消せしめてはならない。人間が一五—二十の数年間に習い覚えた職業は、他のいかなる期間に身につけたものより確かなものであって、この間に一所懸命修業を積めば、生じッかな学校教育を受けるよりもはるかに職業上の優位がかち得られる。学校出には食いはぐれも心配されるが、こうした修練者には決して食いはぐれはない。世上往々、中等学校（今日の場合高等学校か）も出ていないので、何をやらせてもダメだと、人もいい、自らも卑下するものもあったが、それらはおそらくこの大切な修練期を、うかつにもブラブラ遊び過ごしてしまったもので、学校へすらも行かなくて、これを徒消するのは一番よろしくない。実はそうしたことがあってはならないので、しょうことなしに学校へでも行かせる場合がはなはだ多かったのである。したがって、しっかりしたこの職業修練の機会さえあれば、私は普通人の可及的速やかな職場入りは無条件に賛成するのである。むしろそれを大いに勧奨してやまないのである。いたずらに学校へ学校へというものが多くなることは国家社会のためにもどうかと思われるが、こうしたほうへの一人でも多くなることは一向に差し支えないのである。否この種の人々が多ければ多いほど、またこの種の人々の、職域を通じて倦まず、たゆまぬ総力発揮が行われてこそ、一国の中堅層はいよいよかためられ、国家社会も健実な歩みを歩むことができるものと私は信ずる。

四、自信を植え付ける法

知行一致と硬教育

学ぶということは知るということである。そして、知ることを行うということである。つまり本当の学修は、実践をもって完成される。もともと知行は一致であるべきはずなのに、それが近頃離ればなれになってきてしまったことは、いたましい現代少青年の悲劇といわねばならぬ。いずれにせよ、物事はできるだけ自分自身で考え、判断し、取捨し、適用もしくは適応して生かし、自己をそだて、築き、磨き上げていくことが大切である。しかも、それに最も心掛けなければならぬのは年少時代の教育錬成期である。この時代をうかつに外《はず》してはもう取り返しがつかない。

大地を破って発芽した草木の双葉には、すでに茎葉や花実のすべてが用意されているように、人間の少青年期には、すでに将来発展の基本的要素がすべて包蔵されているはずである。したがって、強大な弾力性もあり、抵抗素もととのっていて、環境適応の活力は全く十分だといえる。そこで、この時代には遠慮なくピシピシ硬教育をほどこし、心身の鍛錬、知行の一致に全力を尽くさねばならない。それにはなんとしても、努力主義による、確乎たる勤労観をここで彼らのものとしておく必要があろう。

少青年は一生のうち最も適応力が強いが、幾多の苦難に耐えれば耐えるほど、その強靭性は増すものである。したがって、この時代の困苦欠乏は意とするに足りない。むしろ、それにブツかればブツかるだけ、それに打ち克つ力が強められてくるのである。ゆえに、だれしも若い頃にはなるべく多くの苦難にあい、なるべく大きな潜在力を養っておくことが大切で、昔から「若い頃の苦労は買ってでもせよ」といわれているのは、全くこの間の消息をつたえたものだといえよう。

精神欲と物質欲

最近の量子学では、電気の波動性と粒子性とは、もと一つのものの現れであることがわかった。これをいわゆる相対性または相補性というのであるが、私はこの原理から人生上の非常に大なる示唆を受けた。すなわち、人間の物質欲も精神欲も、もともと一つの生命欲が両面に現れたもので、つまりは相補の関係に立つということである。難しくいえば、霊肉一元、物心一如の原理なのだ。これにしたがえば、勉強することは——学業でも仕事でも——精神欲の盛んな活動を意味し、それによって物質欲のみたされぬ不足を補う作用が活発に現れる。取りも直さず、これを平《ひら》たい言葉でいってみれば、貧乏と勉強とはその間に相補関係があり、真の勉学には、貧乏生活がむしろ最も適しているということになる。これを裏書きする事実は、いつでも、またいくらでもあるのである。

だから、学修時代の貧乏や困苦は、何人も意とするに足りない。いや、それがかえって離るべからざる関係にあるものとみてよろしい。しかも貧乏生活は幼少年時代から習慣づけることによって、楽々これを克服し得られるようにもなるし、すべての勉強もまた、貧乏時代に励んだ習慣によって、その後も面白く、楽々とつづけられるであろう。

このような意味から、私は、刻苦耐乏の生活と、修学修業の勉強とは相通ずるものであり、できるだけこれを幼少時代から体験し、また体験させ、一生を通じての習慣化、すなわち、第二の天性にまでしたいと切望するのである。

刻苦耐乏と自信

いったい、何事によらず、いかにしたら与えられたる生命力を最高度に燃焼させるかを考え、一事に全身全力を集中して真剣にやる習慣を身につけなければならぬ。一つの仕事がまだ終わらないうちに、他の仕事——または勉学——にうつり、またまたそれを中途で置き去りにして他に手をつけるというようなことは、いたずらに精力を散漫に徒消するばかりで、どの仕事、どの勉学もまとまりがつかぬという結果になる。

もちろん、仕事によって疲労した心身の一部分を休養させ、別な部分を働かせることによって活動の転換をはかるのも必要であるが、それはすでにいくつかの修業を完成した成人期の人たちにとらるべき方法であって、少青年の勉学修業法としては決して妥当ではない。

いやしくも教育錬成期にある少青年諸君は、いかなる些少事にもせよ、根気よくその一つ一つを完成させるようにしてかからねばならない。一つの完成は一つの自信を生じ、さらに高次的な完成を生むものであって、この完成の道程には、限りなき自己練磨の進境が開かれてくるのである。

完成は自信を生み、自信はさらに大なる完成を生むことは右に述べた。まことに、自信は心理学上の自己暗示となって潜在し、これがしっかりした自分自身のものとなれば、もはやどんな困難に直面しようともビクともしないことになる。この信念はいつしか生活上のすべてに習慣化されてくる。少青年諸君がもしこの道理を十分わきまえたならば、自らすすんで刻苦耐乏の事例を求め、勇んでこれに取り組み、人生計画に最も大切な努力奮闘の新境地を開拓することもできよう。

登山と人生

古人の多くが、人生を一つの航海に譬《たと》えてきている。私は自分の長い体験から、また山林家であった職業柄から、人生を一つの山登りに譬えたい。実際、両者の間には似通った点がはなはだ多いと思われる。

それゆえ、人生計画の出発点である教練期について、まず山登りの秘訣に託してこれを説くことは、波瀾万丈の人生行路をすすみ行く上に、少青年の読者諸君にとって大いに参考となるところがあろう。

いうまでもなく、一つの山に登る道は、各方面から幾筋もある。富士山でいえば、大宮口あり、御殿場口あり、須走口あり、吉田口ありといったたぐいである。登山者の立場と希望によってその選択は一応自由に任される。そのいずれの道を選ぶにしても、またいずれの道を強制されたにしても、古人が歌ったように、

分け登る麓の道は多けれど同じ雲居に月をみるかな

で、究極の目標は一つである。

ただ、人生の登高には涯《はて》しがないように、登るべき山は限りなくけわしく、かつ高い。その絶頂を極めるということはすこぶる困難である。したがって、各自が一生を費して登りつめた高さと峻険の度が、一般にはその人生の価値として評価される。一歩登れば一歩の向上があり、二歩登れば二歩だけの喜びが加わる。五合目でやめた人には八合目の眺めはわからず、八合目でやめた人には絶頂に登りつめた喜悦が味わわれないのである。

山登りの教えるところ

そこで、その山登りの秘訣と人生計画の実践とを結び合わせて考えてみると、そこには共通相似《そうじ》した多くの教訓を感得することができる。

一　まず、自分の体力と立場、実力と境遇に応じた最も適当なコースを、自分自身でもよく研究調査し、またその道の経験家にも相談して選定することである。

二　一度決定したコースは途中で変更しないこと。

多くの人々は、ちょっとした困難にブツかっても、すぐ易きに就こうと迷うのであるが、途中で変更した道は、往々前よりも難路で、再びもとへ引き返すの愚をなしやすい。たとえば山の途中で道に迷ったような場合、山登りに馴れた人々は、あわてず、心をおちつけて、過ぎ来し方を顧みる。そうして四囲の状況と地図や磁石により、向かうべき方向を静かに判断する。それも必ず既定のコースをたどってである。それがもし不可能に陥ったときには、まず最もたしかと思われる地点まで退《さ》がる。または、杖をころばした先でもなんでもよい、ある一定の方向をめざして突進する。途中いかなる難所があろうとも、断乎邁進をつづける。これははなはだ乱暴なように見えても、実は右し左するよりも安全な法で、いつか必ず正しい道、楽な道に行き合うことができる。それを不馴れな人は、一度定めた方向でも、難所にあうとすぐ引き返し、一つところを、行きつ戻りつ、うろうろしてしまうので、日は暮れ、腹は減り、寒さは加わり、ついには疲労困憊して倒れることになるのである。

人生もまた同様で、いったんこうと決めた進路はどこまでも変えてはならない。生《なま》半可《はんか》目先の困難を避け、易きに就こうとすれば、かえってより以上の不利と危険に遭遇するであろう。断じて行《おこな》えば、実に鬼神も退く。われわれには、この人生をあるがままに見、避けず、おそれず、それに直面し、それに闘い克っていくよりほかに生きる道はないのだ。そうして、その登高の困難に打ち克ち、一歩また一歩と、前進するところに最大の愉快があるのである。この勇気と努力の堅持こそ人生登高の生命なのである。

三 なるべく軽装をし、不用品を持参せぬこと。

それかといって、必要なものだけはぜひともこれを携行するのが人生である。したがって、必要品と不用品とを前もってよく判別しておくこともきわめて大切であって、身分とか、家柄とかにとらわれ、形式的な複雑さのために、人生のリュック・サックをいたずらに重くするのは愚の至りである。また、それでは、ちょっとした登り坂にもすぐ苦しくなってしまうのであるから、つい楽な横道のほうへ足が向きやすくなり、また思わぬ谷間へ墜落する憂き目にもあうのである。

もちろん、食糧も十分用意するに越したことはない。しかし、缶詰や瓶詰など贅沢品をあまりに携行すると、途中で食用する前に棄てたくなってしまう。同じことで、人生の行路もできるだけ簡易単純な生活で出発するに如《し》くはない。

四　急がず、止まず、怠らぬこと。

とくに山馴れぬ人は、初めに急いで登るために、歩調もみだれ、息も切れやすくなる。最初に元気を出し過ぎると、かえって疲れも早く、悪くすると真ッ先に倒れてしまう。

そもそも、山登りに最も適当な速度は、それがいかにのろくとも、まず息切れのしない程度を終始その標準とすべきもので、急げば急ぐだけ、先へ行って休む時間も多くなる。あまりにも度々休むことになれば速歩も漫歩に後れるばかりでなく、疲労のくることも早く、かつ大きい。登山も人生も同じで、牛の歩みのよしおそくとも、倦まず、たゆまざることを第一の心掛けとしなければならぬ。そこに山登りの秘訣があり、人生行路の妙法がある。

五　途中を楽しみながら登ること。

あまり先を急がぬことも、つまりはこのためにも絶対必要であって、これあってこそ、一歩一歩の運びにも意義が生まれ、いかなる高山も余裕綽々《しゃくしゃく》として登ることができるのである。行く手ばかりみて、あまりに無我夢中に先を急ぐと、四辺の美しい景色も眼に入らなければ、足下に咲き乱れた可憐《かれん》な花もわからずに過ぎやすい。がむしゃらな驀進をつづける人には、時としてかたわらにある清冽な泉も見落せば、やさしい声で鳴き交わす小鳥の声も気付かずに過ごしやすい。それではあまりにも味も素ッ気もなくなる。人生はきわめて長い。急いでも急いでも、急ぎ切れぬ旅路であるから、そのときどきの行程を楽しみつつ、いわゆる勉強道楽、職業道楽という奴で、ゆるゆる途中の眺めも観賞して行きたい。かえってまた、そのほうが疲れずに、歩みも大いにはかどるといったものである。

六　食物は腹八分目にとること。

平素でも同じことだが、ことに山登りに腹一杯食うことは禁物である。息切れがするし、疲れも早いし、事実苦しくって登れるものではない。人生またしかり、暖衣飽食は息切れの元で、糖尿病や腎臓病、胃腸病で早死にをする人々の多くは、みな食い過ぎ、飲み過ぎ、ゼイタク生活の結果である。

七　無駄道、寄り道をしないこと。

山登りの注意の一つに、「寄道《よりみち》、側道《わきみち》日が暮れる」というのがある。登山でも人生でも、全く無駄道歩きは禁物である。無駄と余裕とは決して同じではない。余裕には余裕としての立派な目的もあれば効果もある。回り道をしても名高い滝を見るのは余裕であるが、持っても帰れぬ谷百合を折りに叢《くさむら》を分けるのは心ない無駄である。

八　時と場合によっては、急がば回れの必要もある。

山を真直ぐに登っていって、断崖絶壁にぶつかったら、その道の専門家で腕に覚えがあればロック・クライミングをするもよい。だが、普通の者にはそんな無理をすることはない。さっそく、ほかに回り道をして登る法はないかと探してみる。槍の穂のような山頂でない限り、たいていはその横かうしろに、危険なく楽に登れるなだらかな山背があるもので、そのほうへ回るのが安全でかつ早いことになる。人生の諸計画でも、せっかくここまでやりかけてきたのだから、いかなる困難も征服するのだと、石垣に馬を乗り上げるような無茶を試みるのはつまらぬ。その決意、その勇気は常に必要であるが、時と場合によっては、少し落ちついてその勇気を用いる方途を新たに研究してみる必要がある。

九　近道、裏道をしないこと。

近道、裏道には往々難所がある。これを選ぶと人より早いようにも思えるが、こうした難所にかかると、時間的にも、労力的にも損をするばかりか、時として大怪我をする危険がある。人生でも自分の本職本業を、迷わず、疑わず、こつこつすすんでゆくのが何よりも近道で、裏へ回ったり、横道へそれると思わぬ失敗を招くことになる。本業以外の金儲けや投機にうかうか手を出すと、この近道のつもりが、とんだ破滅への近道となるものだ。大いに戒心を要する。

五、職業はどう選ぶか

人生計画の中核問題

さて、次はいよいよ職業選定の問題に入るのだが、職業の選定とその遂行は、人生計画の中核をなすものだ。あるいは、狭い意味での人生計画それ自体であるとみてもいいほどである。個人的にも、社会的にも、職業は生活（人生）の根柢をなすのみでなく、人生（生活）の向上も、文化の進歩も、すべてそれぞれの職業を通じてなされるのである。

人間はすべて、各自にその職業を選んで、社会生活の一部を分担し、国家社会の繁栄をはかっていくために、貴賤を問わず、貧富を論ぜず、共に一生を働き抜いていかねばならない。職業的貢献は人間の生存権利であると共に、また生存義務でもある。

ところが、社会機構は複雑で、人間自体にも差異がある。何職業が何人に適し、何人が何職業に適するかは、にわかにこれを断じがたい。しかも、職業も多く、人もまた多いのであるから、適材適所の職業選択がきわめて困難を加えてきているのである。

試みに、いま、おおざっぱなその職業志向を挙げてみると、学者あり、教育家あり、法律家あり、文芸家あり、美術家あり、医者、記者、公務員、会社員、技術家等々、その種類は千差万別、数限りなくある。しかも、その大部分は、ひろく一般に「実業」と称すべき農林、漁業、商工鉱の産業関係者に属するものであろう。だから私のここにいう職業人生計画は、すべて、虚業ならぬ「実業界への道」ということにもなろうか。医者も実業、弁護士も実業、技術家、公務員、会社員も実業、すべて、真面目に働く生活手段を私は実業と呼びたい。

——ちょっとお断りしておくが、いわゆる政治家を私はここには職業とみない。これはのちにも一言触れることであるが、職業ではなくて、人生計画の一部に考慮さるべき奉仕とみたい。つまり、政治家たることを私は職業外の人生奉仕とするのである。

サラリーマンと非サラリーマン

ついては、その職業志向と性格に関する見方、考え方を少し述べてみよう。

まず、**学者**になろうとする人々は、小、中、高各校、またはそれに相当する時代から、すでに秀抜な成績を示す優等者でなければなるまい。そうして、記憶力、観察力、構成力、推理力、判断力、感覚等をはじめ、とくに数理に長け、想像力に優秀でなければならぬ。これら僅少な優秀群の、しかも大学、大学院と進んだもののみが、権威ある最高研究機関にとどまって、ここに学者たるべき研鑽が遂げられるのである。これに次いで、ほとんど同様の役割をもつものに**教育者**がある。これまた、小、中、高各校時代から行学一般の優秀者たるべきはもちろんであるが、さらに、温厚篤実にして円満なる人格者が要請され、かつあくまでも愛情に富み、情熱をもって献身的に教化誘導に任ずる人々が求められるわけである。また**法律家**となるには、理性的で公平無私、冷静で、批判的であることなどが望まれる。なお**技術家**は学者に準ずる。

文芸家を志す人々には、とくに直覚力、識別力、連想力、記憶力等にすぐれ、綿密なる観察力、豊富なる想像力はこれを欠くことができない。私はさらに若干のユーモア（諧謔、諷刺）をもちたいとおもう。従来いわゆる文学青年という手合いで、単に好きだからとか多少の文才があるというだけからの理由で、この方面に向かい、あたら一生をムダに過ごしてしまったものも少なくない。今後いよいよ文化建設の叫ばれるにつれ、ジャーナリズムと共にこの方面に志す人々も多かろうと思われるが、自己の能力判定を誤算してかからぬよう、くれぐれも注意を要することであろう。

医者になるには、まずそれだけの頭脳と勉学が基本問題となるが、さらに感覚力、判断力、記憶力、並びに手指運動の巧否なども考慮されなければならぬ。仁術と称せられる医に、仁の失われたるや久しい。この道に志すものはすべからく高潔の人士たるべく、平生からの修養にとくに努めねばなるまい。

次はおしなべての公務員、会社銀行員、その他の事務者、いわゆる**サラリーマン**である。これにはもとより、それぞれに向く知識と特技的要素も大切であるが、まず何人も責任感強く、堅実、勤勉で、協調的態度を失わなければまず一人前に勤められよう。規律的にテキパキと事務を処理していくためには、それだけの修練と努力を積めばだれしも一応のところまでは達し得られる。世人の最も多くが、ことに学校卒業生の大部分がこの方面に就職計画を樹てるのはあながち無理でもない。いわゆる世俗的な普通のおつとめである。それだけにまた、この方面に就職する人々には、ただ漫然と入って、漫然とその日——ついにはその一生——を過ごしてしまいやすい危険がある。人生計画はこれらの人々にとって、とくに必要欠くべからざるものとなってくる。

実業家と政治家は？

最後にいわゆる**実業家**であるが、これには狭義の解釈を与えても、全体からみて国民の大部分が入ってしまう。一口にいって、すべての商売、すべての実務活動がこれに属し、農林業（水産、畜産を含む）と商工業（鉱業、通信、交通を含む）の二大別にすることもできよう。社会の発達と科学の向上につれて、この実業的職務内容もいよいよ複雑を加えてきており、その具体的詳述は多岐をきわめてここには尽くし得ない。それだけに、この方面の特技者と特技労働者の需要は急激に増加しつつあり、多数の人々の人生計画、就職計画は、なんとしてもまずこの点を研究調査して樹てられなければならぬ。そうして、この方面に向かうには、すべてが実際的、実務的、いい換えれば利害関係に最も鋭敏なものばかりであるから、とくに旺盛なる職業上の研究心と努力が必要である。戦後国力復興の急速実現が期されつつある今日、生産陣の第一線を承るこれら実業人の責務は大きく、かつその前途にはきわめて広い道が拓かれているといえよう。

次に特殊な存在としての**政治家**がある。これはすでにたびたび述べたように、職業的性格は漸次失われつつあり、私としても現代職業の一類とはみたくないのである。政治家はあくまでも他職業での成功者、または余裕ある人々の奉仕的余業であることが望ましい。上述職業人の円満完成、しかも政治的才幹の抜群なるに及んで、公選によりしかるべき公職者に挙げられるのがまた実情である。民主政治徹底の将来においいては、各議会議員、並びに各官庁、都道府県の上級指導者の大部分が、いずれも職業的担当者でなく、公選名誉職となる傾向にあると思われるので、政治家という専門的な職業は絶滅し、漸次他の職業（学者、弁護士、実業家等）中の成功者及び有識経験者がその任に当たることとなろう。この公職者の心得はまた職業者としての心得とは別に説かれなければなるまい。

職業と時勢との交渉

さて、ここにいよいよ勤労期に入る青年諸君は、以上概略挙げ来《きた》った職業中、自分の性格環境に適し、かつその力量を十分発揮できるものは何かと慎重に考えた上、時勢の進展をも合わせ察し、一生を賭すべき最適職業を決定しなければならぬのである。

正に職業の選定こそは、人生の出発点であり、これからが人生計画実践の本舞台となるのだ。

かくして、何人もいったん決定した職業に身をゆだねるからは、それにひたむきな研究と努力を傾注しなければならぬことはいうまでもないが、ここになお注意を怠ってならぬのは、職業と時勢との交渉についてであろう。

日華事変前における一般国民の勤労態度は、多く一身一家のためにのみ働く傾向にあった。学問をするにしても、おのれが立身出世を目当てとし、実業に従事するにしても、すべては一身一家の富をふやすというような、個人的観点の上にあった。その方向はただ、よけいに稼ぐこと、よけい儲けることにかたむく有様にあった。これは一面において仕事に精を出し、能率もあげる結果ともなったのであるが、反面においては時に、目的のためには手段をえらばぬといった弊風にも陥りやすかった。

さらに、太平洋戦争に突入してからは、すべてがいわゆる戦力増強の一点にのみ向けられ、国民はただ馬車馬のごとく戦争目的にかり立てられた。したがって、職業選択の自由は極度に制限され、すでにある一定コースをすすみおるものに対してすら、企業整備と徴用の名の下に、その強制的転換が要求せられた。先祖伝来の家業までをここに失ったものの数はすこぶる多い。職業上の個人計画はもともと樹てよう手段《てだて》もなく、一寸先は闇にも等しい時代ともなった。

しかし、いまや局面は一転し、民主主義政治の下、国民こぞって、産業復興、文化建設に向かって邁進し、各人各自職業選択も全く自由となった。少なくとも他から強制を受け国家から命令されるものが一つもなくなった。見方によっては、現下の青年諸君こそ最もめぐまれたる人生計画の自由性をもつものといわなければならぬ。

このように、一般に職業選択の態度と条件は、その時代時代にしたがって、著しく変動し、また変動せざるを得ない。だが、いずれの時代いずれの職業につくとしても、その選択は最善最適のものであることを要し、いったん就職の上は一心不乱に働くことが最も大切だ。人は学校をもってのみ物を学ぶ機会と考えているが、人生、学校で学び得るぐらいは知れたもの、職業の精進によって初めて本当の人格は磨かれ、広汎的確な生きた知識を獲得することになるのである。学校教育はむしろその準備を行うものであるに過ぎない。人生で得る大部分の修業と体験、それは成功も、失敗も、進取も、反省も、知識も、修練も、すべてはそれぞれの職業を通じて、各自のものとなるのである。世俗にいう「しょうばい」の一語は、いかなる場合も対手を納得させるに足るだけのオーソリチー（権威）をその人に与えるはずのものである。

六、教練期から勤労期へ

一人前になるまで

前に述べたような方向に教育され、錬成されて、教練期を過ぎてきた少青年は、いよいよそれぞれ適材適所な職業の選定をおえて、ここに初めて立派な社会人として立つ資格をそなえる。

それは家を建てるに先立って、しっかりした土台がまず築かれたようなもので、今度はその土台の上に、設計通りな家が組み建てられ、造作が加わり、家具調度の類がととのえられるわけである。あとはもう、しっかり肚を決めて、雄々しく、人生を闘い抜くことだけだ。

「十有五にして学に志し、三十にして立つ」といった孔子の真意は、三十歳にして単に職業をもち、独立の生計を営むというのではなく、おそらく人生行路へのあらゆる準備時代をおわって、大抱負の下、「われ立てり」と自覚した場合のことであろう。それが孔子の聖賢をもってしてもなお三十歳であったという。われわれ凡人にして顧みるならば、そうした大自信の上に立つ年齢に達するのがいかに至難であるかがうなずかれよう。したがって少青年諸君が二十歳にしてめざし得るのは、まず「立つこと」の準備ぐらいでなければならぬ。ここまでくればもはや立派な社会人であると私もいったが、「立つ」ことの準備は、まだまだ真の意味で立ち得たことではない。いやしくも「立つ」という以上は、少なくとも次の二条件にかなうことが必要であろう。

すなわち、その一は自力で立つことである。親の財産や心遣いによって立つのではなく、また先輩権門の庇護の下に立つのでもない。その二は、自信をもって立つことである。ガッシリと大地を踏みしめて立った、大磐石のゆるぎもみせぬ立ち方である。しかも、その自立たるや、客観的な価値において万人から認められたものでなければならぬ。ひょろひょろの浮き腰や中腰で立ち上がるのではむろんダメである。

勤労期の人生計画の最初は、いままでにだいたいでき上がった土台をいよいよ踏み固め、どんな大建築にもビクともしない用意をととのえることであろう。

「われ立てり」という地歩

さて、ここに私のいう勤労期（二十一歳―六十五歳）は、教練期の教練をいよいよ活用し、おのおのの職域を通じて、大いに身のため、人のために働き抜く時代である。それと同時に、国家社会より与えられたる名利を蓄積し、人生の歩みを一歩一歩確実に、その計画成功へ持ち運ばねばならないときである。この行程の具体的事項は、だいたい次の五項目に要約することができると思う。

（一）適当なる職業を選定して、専心それに努力精進、可及的速やかにその職業を道楽化すること。

（二）時至れば良妻を迎えて家庭生活に入ること。

（三）一家の経済独立を確立すること。すなわち、勤倹貯蓄によりその余裕的基礎を築き上げ、あくまでも独立生計の可能をはかること。
(四) 職業本位の活動をなしつつ、それが最高度の能率効果達成を期し、ついで老後勇退の諸準備をすすめること。
(五) 生命保険、別途貯蓄、その他の方法により、万一の不幸、災厄、失敗に備えおくこと。
なお、これらの詳細については、以下順次、他の附帯事項をも加えて説きすすめたいと思う。

ところで、ここでいま一つ注意しなければならぬことは、この「われ立てり」とか、「われ立ち得らる」とかいった自信を抱く所まで来たら、既成の人生計画案を再検討して、いよいよ確定的なものに仕上げなければならぬことである。つまりいつまでも因循遅疑《いんじゅんちぎ》して、プランをプランとして眺めるにとどめず、それに実行の方途を定めるようにしたい。あらゆる事情、あらゆる可能性を斟酌して、自己の有する活動力を最高度に発揮させるものに確定したいのである。

さて、ここで確定されたものは、改めての**人生計画決定版**とも称すべきで、ひたむきなその実現がはかられなければならぬ。そうして、今後時勢の変化や環境の推移によって臨機応変な改訂が行われるとしても、根本的な大方針だけは微動だもさせることがあってはならない。各人各自の人生計画こそは、各人各自の最も大切な人生の支柱であって、それをあまりにもしばしば取り替えているようでは、何事も断じて成功するものではない。失敗は必至である。

我等いかに生くべきか

一、生活安定への道

職業の道楽化

さて、いよいよこれからは、勤労期職業人の問題に入るのだが、今後の勤労態度は、単なる個人的利益、功利一点張りの職業観からは、決して完全な成果が生まれてはこない。本当の意味での成功もとうていおぼつかない。あくまでも、それに社会公共の利益と発展に一致したものがなければならないのである。つとめて、各人のわがまま勝手をおさえ、全力を尽くして国家社会の再建進歩のために働くと同時に、その働きによって、ますます各人の研磨精進が行われ、生活的、経済的にもしっかりした地盤が築き上げられていくものであることを要する。そうして、この境地を漸次開拓していくには、なんとしても、私のいつも繰り返しているような、「職業の道楽化」が第一番にめざされてこなければならぬ。

職業の適材適所はだれにものぞまれていることだが、実際において必ずしも、それが初めから達成されるとは限らぬ。人々がいよいよその職業に就く場合、環境その他いろいろな事情のために、自己の性格、才能、好み、生活上の都合などと、一から十まで決して一致するものでもなかろう。時によっては、その大部分に反する、不得手、不慣れな仕事に当面する場合のほうが多かろうと思われる。また幸いにして、自己に適する理想的な職業に就き得たとしても、ただそれだけでは成功はのぞまれない。すべてはその後の努力如何にかかることであって、油断とナマケとはいつの場合でも禁物である。

それと同時に、万一不慣れ不適当な仕事に当面することになっても、これを天職と確信し、これを命運と甘受し、迷わず、疑わず、最善を尽くして努力するならば、初めの間こそ多少の苦痛は伴っても、いつとはなしその仕事に慣れ、自分もそれに適応するようになって、能率も上がり、成績もよくなり、自然とその仕事に趣味も生じてくる。そうして、ついにはそれが面白くてたまらなくなるところまで新局面が展開される。そこまでくればもう立派な「職業の道楽化」が達せられたわけで、この「職業の道楽化」が完成すれば、もはやその仕事に適不適もなければ、利益不利益もない。あとは全く人と職業とが一体化せられて、その大成功は求めずとも必ず向こうからやってくるのである。

古い言葉にも「好きこそ物の上手なれ」といっている。実際何事でも好きになるまで努力すれば、自然それが必ず上手にまでなれるものであって、努力はついにその人を天才にし、名人にまでする。すべて、職業人のことごとくがこの境地に没入することになれば、これこそ正に労働の芸術化ともいうべき理想境の出現であって、日々の一挙手一投足が、芸術家の創作に対する感興にも等しいものとなってこよう。

もとより、職業の種別は多い。ことに分業から分業に派生する傾向にある今日の職業中には、職種の如何によって、この職業の道楽化に、多少の難易遅速のあるはやむを得ない。しかし、熱心は工夫を生む母となり、努力はまた趣味を生ずる父となって、いかなる職業も、これが道楽化をめざして道楽化し得ないものはないであろう。その絶対可能性は、実際に努力し、実際に成功してきた多くの人々の等しくこれを認めるところである。

人生計画の職業選択は、すぐそれにつづいて、何人も必ず職業の道楽化に進展を遂げなければならない。

日常生活の単純化

人生計画における最も主要な問題は、生活の安定を確保することである。就職就業の決定もまたこれに達する一手段であるとみればみられもする。そうして、これを可能に導くためには、その誤りなき選定と道楽化すべき必要を説いたが、さらに現実の生活態度を規正し、それを基底とした経済計画を樹てることが同時に大切である。

まず、その本体をなす生活態度から述べてみよう。

人間の生活様式を発展的に観察してくると、初めはきわめて単純素朴な生活態度から出発し、やがて文化の進展につれて、次第に複雑化してくる傾向にあることがわかる。そうして、その複雑化もある程度の限界を越えてしまえば、徒《いたず》らに繁多となり、煩瑣《はんさ》を極《きわ》め、いつしか生活に対する情熱も消え去って、生命力は枯渇し、堕落滅亡の一途をたどるというのが普通である。

ひるがえって、わが国の太平洋戦争以前における生活はどうであったか。それは、まことに和漢洋さまざまの複雑性が、正にその飽和点に達していたとまでみられよう。しかし、今次の大戦はこれを根柢からくつがえし、わが国本来の姿である単純簡素なる生活様式に還元せしめた。これは結果的にはなはだ喜ぶべき現象であって、われわれは今後ともこれをつづけていくべきであると考える。

だが、それには、過去の文化生活、日常生活を一応科学的に批判し、反省した上で、その中から、正しきもの（真）、可良なるもの（善）、美しきもの（美）の粋を集め、同時に日本固有の単純簡素な生活を基幹として、これを統一淳化していくという態度がのぞましい。もちろん、この原則に反するものは、潔くこの際訣別しなければならぬ。

戦後は民主主義と共に、文化主義、文化生活の声が急にたかまってきたが、われわれ日本人には、それはあくまでも日本的な固有の真・善・美を生かしたものでなければ意味はない。日本人はまず日本人としてよりよく生きることを考えるべきである。

かように、複雑を統一して単純化するところに、当然日常生活の切り詰めが問題になってくるのであるが、これをもって生活程度の低下と誤解速断してはならない。物的方向の節約による簡素化を生活水準の低下と早合点するのは、明らかに物質偏重主義の見解である。いまもし、精神的、道義的な基準からみれば、物質面の切り詰めは、かえって生活の浄化向上でなければならぬと考えられる。

生活日課の合理的設計

人間の思想や行動についても同様なことがいえる。すなわち、高僧や哲人の言動はしばしばはなはだ単純で、平々凡々を極めるがごとく感じられることがあるが、それをよく味得し、検討してみると、実に深遠にして崇高なる真理のふくまれているのに気付く。これは厳《いかめ》しい修業を経て初めて到達し得る境地であり、複雑を超克した単純の極致であるとみなすこともできよう。

さらに歴史的にみても、文化発展の面では、常に集中（単純化）に対して、分化（複雑化）が行われ、そこで初めて一切の文化が総合的に進展するものである。したがって、複雑は単純に至る過程であって、目的ではない。文化生活の本質はあくまでも単純簡素にならねばならない。しかし、単純化がただ生活の切り下げにのみ終わるならば、あるいは生活の萎縮退嬰を来し、その中からなんら発展的な生活力を生み出すことはできまい。それゆえ、簡素生活に志す半面においては、従来閑却されていた精神面物資面両者の生活にいっそうの創意工夫をこらし、計画的にその充実発展を心掛けていくことが肝腎である。

それには、現在各自がもつ、自家の生活能力を最高度に発揮し、生活全面にわたって、あらゆるものを活用する必要があり、時間、労力、思考、物、金等の一切を能率的に動かすことが大切となってくる。すなわち、ここに人生計画の一断面として、生活日課の合理的な設計が、各人各家の実情に応じてなされなければならぬのである。

こうした積極的な衣・食・住その他に対する生活経営の態度は、一切が生産と建設のためにする生活改善を意味し、決して単なる気まぐれや思い付き程度の軽いものであってはならない。私はまず、この方向に進む方法として、生活の基礎根柢をなす経済面にとくに留意し、各人各自の経済設計をしっかり樹立することが最も緊要と考えるものである。

経済計画はまずここから

次にその具体的な生活設計法を説こう。

たとえばここに、二十五歳で二十歳の新妻を娶り、新しく家庭生活に入った人があるとする。やがて一—二年の間に子供が生まれる。爾後産児制限法を善用して、三—四年目ごとに出産するとしても、妻が更年期に達するまでにはだいたい三—六人の子供が生まれるであろう。経済計画はまずこうした想定の上から立てられていくべきである。そうすれば、一家の生計から養育費、学費の算定まで必ずしも難事でなく、万遺憾なき計画が立てられるのである。すなわち、結婚後の七―八年目、父親の三十二、三歳頃からは、子供は順次に小学校に入る。さらに三十八、九歳頃には中学校に進み、四十二、三歳頃になれば高等学校に入り、やがて大学に入るものとして、それに応ずる学資の予算を考えていく。小学校六年、中学校三年、高等学校三年、大学四年、都合十六年間の学資を計算すれば、五人の子供にはだいたい幾十万円と予算が立てられる。女子は従来高女、または女専ぐらいで止めるのが普通であったが、今後は男子と同等の教育を要することになり、しかもその上、嫁入りの費用がかかるので、実は男子以上の入費を要するものと覚悟せねばならぬ。このほか不慮の病気があり、災難がある。これらのための臨時費をも加えた予定総額が経済計画の基本的な数字となる。

これが人生計画の方法と同様に三十年、二十年、十年、五年、一年等と割り当てられ、最後に一年のものが月割として決定されたなら、これを果たしていくために、まず適度な生活の切り盛りが実行に移されていかねばならぬ。このような数字は、人によって異なることもちろんであって、予定費用も実際より多少の余裕を見ておくことを忘れてはならぬ。かつこの方法による成果は、時に従って数字に現れてくるから、実行上の良否も判然とわかり、また改善工夫も伴ってくるから、興味も生まれ張り合いも出てくる。

計画結婚・計画産児

以上の経済計画をきかされて、あるいはそんな大金はとうていできる見込みがないから、しばらく独身生活より仕方がないと、消極的な考えを起こす人があるかも知れない。だが、経済状態は時世と共に変化し、案ずるより生むはやすく、生まれた子供はどうにか必ず育つものであるから、あまりに考え過ぎずに、だいたい新夫婦の働きと資産(もしあれば)により、一家を構えて子供一—二人できても、その養育に差し支えないだけの収入見込みが立つ以上、だれしも速やかに結婚するがよいと思う。万一子供ができ過ぎて生活難になるような場合には、妻のちょっとした注意（なんらの薬も道具も要せず）で、任意に産児を制限することもできるのであるから、子供は一―二人で止めることも、また三―五年おきに任意の間隔で生むこともできよう。それのみでなく今後の教育は、一般普通の子供に対し、初めより実際教育を施し、十八、九歳から独立生活ができるようになり、一方秀才の子供も、国家または社会が支給する育英資金により、大学、大学院までも進学し得るに相違ないから、現在の状況から計算した養育費は、近き将来大いに軽減されるものとみて、あまり取り越し苦労せずに結婚して差し支えないであろう。

いずれにせよ、経済的な準備は、早ければ早いほどやりよく、かつ効果的である。何人も独立した最初から節約をなし、貯金を励行しなければ、とうてい安定の生活に入ることはできない。昔から、一般に人の生活は収入の八割五分ないし八割限度にとどめる。つまり何事も八分目生活となすべしといった見解もあるが、まだまだその程度ではとても完全な経済計画は実現されない。ぜひとも「四分の三」生活、すなわち収入の七割五分以下で生活し、二割五分以上を天引き貯金するほか、賞与、手当、その他の臨時収入全部を貯金する生活——本多式貯金生活——によらねばならぬ。そしてその収入実際額はもっぱら各人それぞれの働きで決まることでもあり、臨時収入のごときは、ことに人により大差を生ずるものであるから、普通の働きのある人で、相当にいけるならば、非凡の働き手にはなお非常な経済力がつくわけである。

本多式貯金法のすすめ

さて、経済計画の根柢となる貯蓄の実行であるが、それには何よりもまず、最も行いやすく、最も効果の多い、私の実践した本多式貯金法をお勧めしたい。

それは、通常収入の四分の一を天引き貯金に、臨時収入は全部貯金にといったしごく簡単なものだ。これでいくと、わずか二―三年で貯金の利子が通常収入に加わってくるので、通常収入は著しく増加し、案外楽に貯金ができ、三―五年の辛抱で、その後はなんの苦もなく容易に四分の一貯金がつづけられ、十年ないし二十年ののちには意外にすばらしいものになるわけである。

もちろん、そこまで来る間、酒、煙草はいうまでもなく、一切の贅沢物や見栄を廃し、できるだけの倹約生活（半搗き米、味噌汁、野菜類とやすい魚介類の常用）で、貯金高の増大を楽しみつつ未来の光明に生きるよう一家気をそろえて努める。しかるときはだれでも十年ないし二十年後には、貯金の利子だけでもかなりな経常収入となってこよう。その上で酒煙草をたしなむなりなんなり、贅沢もある程度差し支えないが、さてそうなると、今度は健康長寿をめざしてくる点から、できるだけ贅沢を抑制するようになるのみならず、それまでの永い節約生活の慣習は、自然ムダをきらい、濫費を慎み、なかなかゼイタクをする気にもなれず、経済計画の実行と健康長寿の方策が期せずして一つのものとなって完全してくるのである。

私が、たびたび本多式貯金生活法の吹聴をしてすすめてくると、あるいは反駁する人があるかも知れない。

「本多の就職時代は、物価が今日の二百分の一くらいだったから、四分の一貯金も容易に実行できたろうが、今日の物価高時代には、俸給の四分の一を貯金するなんて、とてもできない相談である」と。

なるほど、当時一ドルは二円であり、物価はきわめて安かった。そして一ドル三百六十円の今日、物価騰貴の割合に俸給は増加せず、貯金が困難になったのは確かである。だがその反面、各種の手当や賞与は増し、服装交際共に簡素化し、小礼服も大礼服もなくなり、昔ほど俸給生活者の見栄にこだわる必要もなくなって、たしかに暮しよくなった点もあるのだから、やり方によってはいかに少額の俸給でも、貯金をやろうと決心しさえすれば必ずできるはずで、もしできないという人があるなら、それはその人の努力が足りないからであるといえる。

生活設計と保険の利用法

なおこの本多式貯金と並行に、不慮の病気、その他万一の場合に、家族をして路頭に迷わせないよう**生命保険**、**傷害保険**、**失業保険**等をかける心掛けも必要である。もっともこのような方法は、資産のない場合であり、すでに充分資産のできた人には、別にその必要はないともみられる。私は二十五で任官した年に、某生命保険会社に保険金二千円（現在の二―三十万円に当たるか）を二十五年の予定でかけ続けたが、すでにいまより三十余年前にかけ終わり、その後数年ごとの配当が、保険金に加わってくるので、昭和十九年一月には、第九回の百八十円が加えられ、三千八百九十八円に増額されたのである。幸いに私は、この保険金の助けを受ける機会なしに過ごしてきたが、途中で万一のことでもあれば、これが大きな働きをなしたであろうことはいうまでもない。さらに敗戦後のインフレ昂進は、この通貨実質の大下落で大損をこうむることにもなったが、いままでの安心料を差し引いたカスと思えば、この保険もまた決して無意味に終わったとは考えない。これは保険そのものが悪いのではなく、インフレそれ自体が恐るべきものであったことに気付かねばならない。そこで、私は貯金と保険との混用兼用について貯蓄計画を樹てるよう諸君にもおすすめしたい。

以上私は、勤労期の人生計画を主として蓄財という点に関してのみ語ってきた。ここでは、物力が第一義におかれ過ぎているけれども、この蓄財を通してわれわれは色々の蓄積法を学ぶ。力の蓄積、知識体験の蓄積、徳の蓄積等はそれであって、金銭の場合よりもむしろ、この蓄積のほうが大切な場合がある。だが、金銭を浪費せぬ習慣を作ることによって、人の生命の浪費、生活の浪費を避け、勤行布施の徳をも積み得られるのであるから、つまり、取りも直さず、財の蓄積は、生命力、生活力、人徳の蓄積ともなるのである。このことはだれもが実行してゆく間に、しみじみ味わい得られる境地であろう。

いずれにしても、勤倹貯蓄は人生における万徳の基であるから、人生計画の達成もまずこの門から入らねばならぬことを私はとくに力説しておきたい。世の中には、独立の生計も営めず、したがって、精神的、経済的独立をなし得ないで、しかも天下国家の大事を得々と大言壮語するものもあるが、その生活にこうした独立生計の裏付けがない場合、その言説までがいかに重視されないかを知るならば、この間の消息は実に思い半ばに過ぎるものがあろう。

なお、本多式貯金法の実際については、前著『**私の財産告白**』及び『**私の生活流儀**』に詳細が尽くされているから、何人も一読、ついて参考とせられたい。

二、結婚はどうしたらよいか

恋愛のみちびき方

恋愛は人生の本能であり、しかも人生の花であるから、いたずらにこれを神秘的にせず、常識的に取り扱い、完全に美しくそれを咲かせ、よき実を結ばせ、もって人生の幸福に役立たしめなければならぬ。

恋愛はこれを、たとえば桃の花になぞらえることができる。桃の木には毎年早くから花の蕾ができるが、その蕾も初めは小さく硬いが、その中にはすでに赤い花弁や芯になるものができかけているから、蕾のうちに爪を立てたり破ってみたりすると、その蕾はきずものとなり、落ちたり腐ったりして、決して美しい花よい実はできない。ゆえに桃の蕾は、いたずら盛りの子供の手の届かぬような、高い枝上で大切に育てねばならない。

人間行為の大部分は、必ずしも意識的でなく、かえって多く条件反射的であって、恋愛にはこの反射性が最も強く働くから、いまだ結婚適齢に達せない少青年には、男女別々の生活がもっとも安全である。男女七歳にして席を同じうせずという古語は、いまなお参考とすべき金言である。ただし社会生活の教養上、男女共学といった必要もあるから、私はあえて男女共学を肯定しはするが、共遊を否定する。すなわち、男女一緒に講義や実験を学ぶのはよいが、教室も男女左右に両分し、遊戯場も便所も休息所等も別々にすることにしたい。

とくに少青年時代の恋愛は、いまだ盲目であり、熱しやすく冷めやすいものであるから、必ず父母長上の指導監督を要する。少青年時代の自由恋愛は、必ず失敗の悲劇に終わるものであることを切言しなければならぬ。

恋愛はいよいよ婚約ができて、結婚する前までが幸福の絶頂で、一度結婚して家庭生活にはいれば、神聖な恋愛は俗化して、ややもすると飽満倦怠を覚えるに至るであろうし、やがて子供ができて、夫婦愛、家庭愛にうつることになろう。したがって恋愛の神聖を保つには、かえって結婚前の純愛純情を清く生かすことにあるともいえるのである。

結婚に至る道程

由来、結婚は恋愛の夕暮れとか、それを葬る墓場であるとかいわれているが、実際ながいあいだ、互いに愛情の激発をおさえて、つつましく結婚にすすむ当時が、恋愛の最高潮で、神聖そのものであるといわなければならぬ。したがって、恋愛の神秘も、歓喜も、真剣味も、実は結婚前の純愛純情にあるのであって、結婚及び結婚以後の夫婦生活には望めないと考えられる。結婚はかえって神聖な恋愛を人間的な俗悪な生活にみちびき入れるもので、私は若い男女の人々に向かって、結婚をいそぐよりはむしろ、その結婚に至る道程を、できるだけながく、純潔に、そして「わが青春に悔いなき」歓喜たらしめることをのぞみたい。

しかし、恋愛の目的というか、終局というか、それはあくまでも健全な結婚生活にあるのであって、恋愛の幸福を不幸にして逸することはあっても、結婚生活の幸福を享受し得るならば、恋愛の幸福を得て結婚生活の幸福を失うより、数等倍の幸福であることをよく知らなければならない。

人生は所詮、山中や離れ小島で孤独生活が営めるわけのものではなく、だれしも社会生活、家庭生活をちゃんと営まなければならぬ以上、むしろ人生をあるがままにみて、避けず、おそれず、それに直面しつつ、たえず努力精進、人生の俗悪を浄化し、進化せしむるところに本当の幸福を発見する必要がある。したがって、われわれ人間は社会人として生きるため、是が非でも、まず一応、神聖なる恋愛から、世俗的な家庭生活に入らなければならない。そうして、家庭生活は夫婦生活で初めて完成せらるるものであるから、いくら恋愛の俗悪化であるといっても、家庭生活を避けて、生涯の孤独生活をとるべきではない。

いつ配偶を求めるか

以上私は、恋愛の神聖と結婚の重要性を強調してきたが、しかし、なんといっても、恋愛は人生の一部でしかなく、決して全部ではない。人生にはもっとほかに、生計や事業や教育というきわめて重要な部分がたくさんある。したがって、恋愛も結婚もそれらと協調し均衡を保つものでなければならぬ。少なくとも少青年は、その重要な部分と自己の恋愛がマッチするまで自制する必要がある。

せっかく、恋愛の花が開きかけても、生活難や失業、または教育不完成のまま、時期尚早でそのほうへ先走ると、うるわしい花も嵐に吹きちぎられるか、栄養不全のためにしおれてしまうことになる。したがって、恋愛は神聖で尊重すべきではあるが、男女双方ともに、社会の一個人として完成の準備が全くできてからでなければ、これに手を掛けてはならぬ扉であると私は思う。しかもそれは、むしろ楽しくも甘い苦痛であり、好ましく幸福な忍従であって、この苦痛と忍従の度が強ければ強いほど、その恋愛の価値はいよいよたかめられてくるものなのである。

そこで、私の人生計画においても、教練期はむしろ恋愛の忍従時代であり、準備教養期であるとしたい。そうして、独立独歩の勤労期に入り、一定の職業をもち、生計の基礎を築き上げて、そこで初めておおッぴらに開かずの扉に手を掛けたいと考える。それではどうもおそ過ぎるという人もあるかも知れぬが、それは社会的現実としてやむを得ぬことだ。おそいにしても、決しておそ過ぎるということはない。ともかく、独立生計のメドが立てられないままでは早過ぎる。どこからみても立派に妻子を養い得るようになって、それで初めて配偶を求め、結婚生活に入るべきだと説いてきているのである。

いずれにしても、私は若い人々の恋愛・結婚問題における慎重を求めてやまない。

配偶者選択の標準

元来、配偶者の選定には、しっかりした理智によるものよりも、「好《す》くか、好かぬか」といった感情による因子がすこぶる多大である。ことに愛は盲目なりとまでいわれて、恋愛から入る結婚にはこの例がほとんどすべてである。「どうしても好きだ」とか、「なんとなく好きだ」とか、その程度に多少の差はあっても、主智をはなれた主情の選択であることは一である。これはわれわれ老人からみてははなはだ危険に思える。一時的には大きな喜びとなるかも知れぬが、永久的には大きな悲しみとなる場合がはなはだ多い。そこで、私は私として、これならと考えた配偶者選定の標準に、

一　血統が純潔であること。
二　身体が強健であること。
三　頭脳が明晰であること。

まず、この三要件を挙げたい。
世間には、この三条件についで、

四　性質順良穏和であること。
五　必ず高等教育を受けたものであること。
六　容貌の美しいものであること。

七　財産のあること。

その他いろいろを追加する人もあるが、できることならばぜひそうあってほしい。しかし、あまりこうした条件に重きを置き過ぎると、自然前に挙げた三要件のほうがおろそかになってきがちであるから、私はどこまでもまず三要件を絶対条件とみた上で初めて後者の考慮に入りたいと思う。それを漠然とした好き嫌いから感情的に入ると、単に美しいとか、高等教育を受けたとか、財産をたくさんもっているとかといった第二義的なものに目がくらんで、最も大切な血統、健康、頭脳といったことを忘れてしまいがちである。いやもっと、明らかにそうした三要件に非点があっても、強いてその選択を決してしまうことになるのである。私はとくにこのことを戒めたいと考える。

いったい人間の品性、趣味、教養のごときは、三つの第一要件が完備しているほどのものであれば、おそらくはこれも自然に人並み以上に達しているであろうし、もし何かの事情でそこまで達していなくとも、あとからいかようにも矯正し、補足し得られるであろう。

また、財産などというものは、いまあるからとて、自分でなくする場合もあり、社会的、経済的変動で、他動的にもこれをなくすることもある。反対にいまはなくとも、やがては大きな所有者となることも絶無ではない。もとより、結婚の対手方に財産があってはならぬというのではないが、なければならぬというのは間違いである。少なくとも、財産の有無は、諸々《もろもろ》の条件の最後に位する副、いやそのまた副々条件ぐらいに考えてよろしかろう。ましてや、本人のものでない、親と親、家と家との財産均衡を真ッ先に問題にするのなぞは愚の至りである。

時期は早いほうがよい

さて、男女ともに、結婚適齢となり、しかも経済的条件がととのったとすれば、私は、固苦しいことはいわない。自己の責任と自己の良識において、遠慮なく健全な恋愛の花を咲かすべきであると思う。ただし、それには、ただ単に自分たちだけよければそれでいいというのではなく、他者に対する影響の如何も考え、従来の家庭的美風をも尊重して、必ず長上者の同意の下に、万全、理想の対手方を選び、お互いによく理解し合った上での結婚にすすみたい。結婚からはやがて夫婦愛の完成に入り、美しい人生計画の実を結ぶようにしたい。

今日のいわゆる民主主義では、結婚は個人間の自由であるから、あえて他人の容喙《ようかい》を要しないというものもあろう。しかし、それは半可通《はんかつう》の言ともいうべきで、いやしくも善意の上に立ち、本人たちの将来の幸福をおもんぱかるものである以上、長上者もいうべきをいい、当事者もきくべきをきかなければならぬ。反対のための反対とか、悪意による妨害こそ退けられなければならぬが、お互いの人生における教示教導はだれしも遠慮すべきでなく、また無視すべきではない。ことに恋愛は人を盲目にし、結婚は人生の一大事であるから、父兄及び青年男女は、ことさらにこの点での理解をすすめ合い、すべては円満に、理想的にこのことの実現をはかるべきであると私は信ずる。

したがって、私の望む結婚は、単なる恋愛結婚でもなければ、いわゆる見合い結婚でもない。そのいずれから出発しても、完全なる理解結婚であることを切に望むものである。

実をいうと、結婚の幸福感はそれほどながくつづくものではない。だから、恋愛から結婚へ、結婚から真の夫婦愛へ、あまりに性急でなく、じわじわ進化していくのが最もよろしく、結婚後の幸福感を一時に享楽してしまうと、意外に早くお互いに飽満と倦怠とを招きやすい。不幸にしてそうした場合に立ち至ったら、相互の自制と努力工夫によって、一刻も速やかにそれを矯正しなければならぬ。それはおのおのの健康と精神の問題であって、そこに再び健全な調和点が発見できれば、やがては結婚生活の幸福感も長びき、ついには完全なる夫婦愛にまで達することになるのである。やがては愛の結晶たる子宝にもめぐまれ、それを中心にして新たな家庭のだんらんも生まれてこよう。そうして、前述の三要件にかなった結婚であるなら、その子孫も必ず優秀であるべきはずである。お互いの家庭生活において、その子孫の優秀を信じ、その子孫の立派に生長していくことを眺め得るのは、人生における最大の喜びとなすべきであろう。

夫婦愛の完成法

要するに、結婚は、愛情と対手の専有欲から生まれた恋愛が漸次発展して、それを結合せしめることにより、一応その目的を達せしめるものであって、ここに恋愛はおのずから解消し、その代りに新しい夫婦愛といったものが生じてくる。すなわち、この夫婦愛への発展によって、恋愛も結婚も初めて完成されるわけである。

夫婦愛の完成とは、異体同心――二つの異なった人格から、新たに一個の人格を作り上げることを意味する。したがって、真の夫婦は二人であって、もはや二人ではない。完全に一人でなければならぬ。良人とか妻とかという区別はなく、両者を合わせて一つである。喧嘩もなければ、嫉妬もない。良人が外で働くことは、妻自身が働くことであり、妻が家で働くことは、同じく良人自身が働くことでもある。良人が会社事務に精出すことは、すなわち、妻が会社事務に精出すことであり、妻が家庭裁縫にいそしむことは、すなわち、良人が家庭裁縫にいそしむことだともいえるのである。また良人が誘惑にかかるのは妻が誘惑にかかるのでもあり、妻の失策は良人の失策として悲しまなければならぬのである。

これが本当の夫婦、真の夫婦愛というものであって、さらにそれが完成されれば、良人が外を眺めれば妻も眺め、妻がほほえめば良人もほほえみ、良人がうたえば妻もうたい、妻が欲しいものは良人も欲しいというほどになろう。またお互いにどれほど働いても苦しいと思わなくなり、お互いのためには身命をなげうっても構わなくなる。かような状態に至り得た夫婦の間には、少しの秘密も介在せず、心身一切を解放して互いに任せきりになり、全我をすてて対手に捧げ合うことにもなる。しかもこれは、一面において対手をおのおの専有し得るゆえんであって、決して銘々の犠牲でもなければ、損失でもない。のみならず、真に夫婦愛の完成した場合には、すべての苦痛は互いに半分ずつ分けて担《にな》い合うから半減され、すべての喜悦は二人で共に楽しむから、二倍の幸福として味わわれるわけとなるのである。

相倚《よ》り相援《たす》けるには

もっとも、世上往々、実際上には、夫婦という夫婦のすべてが、このようにうまくいくことは難しい。知識、教養、趣味、娯楽、仕事などで、あまりにも大きなへだたりがあって、真に異体同心となりえない場合がはるかに多い。普通一般の夫婦というものが大概そうである。

しからば、この場合どうしたらいいのか。それは改めて出発へ戻って、お互いが、少なくともその一方がまず、おのれの我をすてて全身命を対手に捧げさえすればよろしい。従来の日本的道徳にしたがえば、差し当たり女子に対してこの決意が要求されるようであるが、私はやはりそれでよろしいと考える。やがては両者の完全一体をめざしての努力なのであるから、良人のためはつまり妻のためで、その間、前にも述べた通り、どこにも犠牲とか損失とかは存しないのである。ともかく、二人にして一人であるお互いが、こうして相倚《よ》り相援《たす》けていくことになれば、あらゆる欠点支障は抹消され、ついには完全な異体同心夫婦愛が完成されるに至るのである。

しかし、これは理想的でなかった結婚の事後対策であって、できることならば、結婚の対手方——あるいは結婚に先立つ恋愛の対手方——は、同じような知識、同じような教養、同じような趣味、嗜好の上に立つ範囲内で選び、しかも相互に完全な理解を事前にもち合うに越したことはないのである。

そこで私は、人生計画確立のうちで、最も重大性をおびる配偶者選定の問題について、ここにとくに詳言しておきたいと思う。

結婚媒酌者の心得

つづいては、一つ立場をかえて、結婚媒酌者としての心得を説くこととしよう。

およそ、先輩長上として、結婚の媒酌ほどうれしい、仕甲斐のある仕事はあるまい。これは働き盛り、もしくは奉仕期に入った人々の一義務ともいえるものであって、私は早くからこの義務を果す機会にめぐまれ、とくに七十歳以上になってのちは、毎年数回ないし十数回の結婚媒酌をやってきた。しかも、自分が媒酌した多くの家庭が、いずれも円満に、限りなく栄えていくさまをみることは、老来いよいよ心楽しい限りであった。老人の幸福感といったものが満喫されたのである。もっとも、数ある媒酌のうちには、一、二破鏡の憂き目をみた例もないではなかったが、それはせっかくの媒酌の労も、いわゆる頼まれ仲人《なこうど》でいたずらな形式にとどまり、最も大切な相互理解の用意が足りなかったもので、それについては自分の義務が十分尽くされなかったことを後悔している。そこで、ここにはそれらの体験にもとづく媒酌者の心得といったものを拾い集めてみよう。

もとより、結婚談は双方の理解の上に立っているし、立っていなければならぬはずだ。それに身分、収入、教養、血統等の調査についても、親元または下仲人《したなこうど》がある程度すすめて、しかるべき結果を得ているのが普通である。だから、媒酌人としての老人の役目は、とくに次の三ヵ条のような、近親者や若い人々にはできぬ仕事をやればよろしかろうと思う。

一　結婚前の秘密（もしあれば）をすべて円満に解消せしめること。

二　相互の健康保証、とくに結婚前の花柳病（もしあらば）を全癒させること。

三　結婚当初に対する訓話、並びに人生行路における両人の決意確認。

もっとも、年役で引き受けた媒酌でなく、何から何まで世話をする本当の媒酌であったら、このほかに、結婚式及び結婚披露の方式、男としての結婚準備、女としての結婚準備、双方仕度品の相談から、結婚後の生活指導にまで及んで、いろいろ心配してやらねばならぬこともあろうが、まず普通一般の場合には、あまりに差し出がましいことをひかえて、右の三点に念には念を入れてかかれば失敗はなかろうと考えられる。

何しろ、昔から仲人は百足草鞋《ひやくそくわらじ》といわれるだけに、身軽に動くことに心得て、骨惜しみなぞしていては、手落ちなくつとまるものではない。

難しい問題のまとめ方

　結婚前の若い男女にとっては、とかく、お互いに結婚に差しさわるような秘密を生じがちなものである。それも他の場合にはなんでもないようなことまで、縁談となるとひたがくしにかくされ、しかも、事実それが思わぬ故障になることが多い。中には結婚後に知れて、笑って済まされるようなものもあるが、ときにはなかなか大事《おおごと》になるようなものも少なくない。厄介なのはこの類のもので、たとえば第三者との恋愛関係があったことなどである。それも立派に解決のついている場合はいいが、未解決のまま放置されているようなことが往々あり得る。これは媒酌者の責任として、ぜひとも結婚前に解決しておかねばならない。それなくして結婚せしめたため、容易ならざる問題が起こり、ついに当事者のみでなく、関係者一同にいろいろな不幸を招致した実例が世の中にはきわめて多い。この点媒酌人も全くうっかりはできない。

　そこで、もし老人役に媒酌を頼まれたなら、婚約のできた二人を別々に呼び、内密にこれまでの秘密の有無を一応告白させるぐらいの心遣いが必要である。その方法には、もちろん、正面切っていやに固苦しくならず、面白おかしく、いろいろの係蹄《わな》をかけてさぐり出し、その解決法をそれとなく教えるのである。全くこれは老人でなければできない役回りである。そうして、たいていの場合は媒酌人一人の胸の中に納めてしまうのであるが、事件の軽重によっては、内密に本人方の両親にだけ了解を求め、隠密にその解消解決をなさしむべきである。それを未解決のまま決して結婚式を急いではならない。時と場合によっては断然破談に及ばしむるのもやむを得ないであろう。

次にこれは主として男子の方面の問題になるが、近来、結婚前に花柳病に侵される人が多い傾向にある。これを徹底的に治癒させずに結婚せしめることは、媒酌人としても一種の罪悪に近い。そこでいやしくも老人が媒酌人に立つ以上は、適当な方法でその秘密を打ち明けさせ、少しでもまだ病気が残っている場合には、その完全な治療が行われるまで結婚を延期させなければならぬ。女子の方面に対しても、もしうたがわしいと思えば一応念を押してみるのも必要である。これがためには、普通お互いに健康診断書を交換することもあるが、ともかく、老人には老人でしかできない手があるから、そんな単純な、得てして小細工の行われやすい形式的な方法よりも、若い人にはのぞめぬ人情の機微にふれて、円満具通《ぐつう》の道を授けるのがのぞましいと思う。

いずれにしても結婚媒酌は、最も大切な人生計画の確立に、指導者となり、保証人となるものであって、自他共にきわめて意義深い人としての社会任務である。慎重の上にも慎重を期してこれを行いたい。

再婚の場合はどうするか

ついでのことであるから、私はここに、人生の不幸として起こり得る再婚の問題について、一言を申し述べておきたい。

さて、私は男子の再婚は、いつの場合も躊躇なくこれをすすめる。三―四十代の若いときについてはもちろん、六―七十歳で男やもめになった場合も、その人が無病息災である以上、できるなら適当に後妻を娶るべきであると考える。この間の消息を伝えた言葉に、昔から「男やもめにウジがわく」といわれているが、これはやはり男子の再婚をすすめる世俗の定言であると解したい。

俗に茶飲み友達などと称して、この場合老女を後妻に迎えるものもあるが、私はできることならもっと若いほうが相互のためにいいと考えている。ただし、ここに注意しなければならぬのは、すでに前妻に子供がある場合は、子供が生まれないようにするか、または更年期に入った女性を選ばなければならぬということである。男子の再婚にいつも考慮の中心となるのは、異母弟妹の生まれるであろうという懸念である。このために平和だった家庭に風波の生ずることもあるし、財産をめぐってみにくいお家騒動の起こることもあり得る。戦後の新民法は一応兄弟全部の権利を平等に認めることになったが、実際にはこれがためにかえって紛糾をまきおこす事例が多いとみなければならぬ。そこで、この場合の後妻は、更年期以後の女性がのぞましいということにもなるが、その年齢差はやはり、できるだけ引きはなされたものがいいと思う。少なくとも十ないし二十年ちがうほうが、再婚生活の成功率が多いのである。男女の年齢差は、初めの間こそ大差を感ずるけれども、中年以後、さらに年齢の増すごとにその釣り合いが自然にとれてくるものである。実際問題としても、老夫の最後を看取ったのち、老妻がその後を追うのが順序とされており、いろいろと家庭的な都合もよいのである。

しかしながら、これが女性を中心に考えた場合の再婚は、なかなか事面倒《ことめんどう》になってくる。多くの人々の中には、「貞女両夫に見《まみ》えず」の言葉をもち出して、私の再婚奨励論を反駁する人もあるであろう。なるほど、これはわが国古来の美風でもあり、このよき伝統が無理をせずに維持できればそれに越したことはない。だが、この言葉の本当の意味は、一人の夫と離婚して、対手がまだ生存している間に、さらに次の良人をもつことに、その再婚を戒めているのだと解されないわけでもない。男女同権の今日、これもあるいはおかしなことになろうか。とくに私のこの際いいたいのは、すでに夫の死亡した女性、すなわち、未亡人の再婚についてである。

未亡人問題の解決法

いわゆる未亡人の場合、亡くなった元の良人を追慕するのは、うるわしい人情の自然である。だが、去るものは日々に疎《うと》しで、それも死別した当初のことで、月日がたつと共にその感情もうすらぎ、いつしかその対象も神聖化され、およそ夫婦生活という肉体的の感じとはかけ離れた存在となる。したがって、霊としての先夫を精神的に祀《まつ》りながら、一方地上の第二の良人に仕えることも決して不自然でもなくなってくる。ところで、すでに天上に去った先夫の霊としても、この世に残した妻のみじめな、そして淋しい、不幸な生活をみるよりは、むしろ地上に在る人として、人間らしき後生を楽しましめることをのぞんでいるに相違はない。こうした大乗的な悟りをもつことなく、単に言葉や観念の上のみの貞女となり、節婦となり、そのために世上幾多の悲劇を作り出すのは、あまりにも大きなむじゅんといわざるを得ないではないか。

むろん、真実の貞女として、その美徳を堅持して生きている人もあろう。とくにいわゆる若後家にして、かなしさのあまり仏門に入ったり、他の信仰や社会事業に奉仕することによって、立派に貞節を全うしている婦人も少なくないであろう。しかし、それは生活に困らない富裕な身の上のものに限られ、とくに利息収入で暮らせる時代においてのみ実現し得られることである。私は多年自ら手がけてきた幾多の「身の上相談」で、深刻なこの場合のケースにぶつかり、その生きた教訓と時勢の変化とにもとづき、世間の生活からこのような孤独無援の境涯に置き去られた人々の不幸を思いみるとき、なんとかこれを救う道について真剣に考えずにはおられなかったのである。

右にいうような理由から、良人に死別後、間もなく本人やその両親が当面する「再婚か独立か」の問題に対して、私は私にやってくる「身の上相談」では、まず若後家——たいていまだ子供のない人で、子供のある人はほとんど来ない——の生活能力を根柢として解決するよう答えてきた。すなわち、良人の働き一つにたよってきた家庭で、女性に独立生活の技能がない場合は、もとより再婚と決するよりほかはない。また独立生活をなし得る技能あるいは財産を有する場合でも、急に将来の方針を一方に決定せず、しばらく自然に落ちつく時期を待つことに指示してきた。昔気質の人々には頭から再婚に反対する人もあるであろうが、私は頭から再婚に賛成してかかっているのである。これがまた世情に通じた老人の役目だとも心得ている。

とくに若い未亡人について

ところで、実際には若い未亡人の再婚は、なかなか本人からはすすまないものだ。生存中はさほど仲がよくなかった夫婦でさえも、いざ死別してみると、急に夫婦の愛情が湧き出てきて、しばらくは再婚の気など起こるものではないらしい。これもまたうるわしい人情の自然といわなければならぬ。ましてこうれいいむつまじかりし若夫婦の場合においては、周囲のものから急に再婚問題などもち出せば、本人は必ずこれを拒否することはきまっている。

しかし、それもその当座のことで、半年以上、二―三年と過ぎると、その独身生活の淋しさ、不自由さを体験してきて、いつとはなしに理想より現実に支配され、むしろ再婚の自然であり、幸福であることに心をひかれるようになるものである。ちょうどその時期を見はからって、本人からいい出せない、本人の真情を洞察し、再婚をどうかとすすめるのが、老人の気を利かさなければならぬ役柄である。今日までのわが国の風習では、良人との死別後、いったん独立生活を言明し、またそれに対する多少の準備をすすめた婦人が、のちに至って実際に再婚したくなった場合、本人もそれをいい出し兼ね、近親者もその心配をしないために、いかに人知れぬ悲劇が起こりつつあるであろうか。世上それがきわめて少なくない事実にかんがみ、私はとくにこの一言をあえてするものである。

なお、新婚者に対する結婚生活の注意もさることながら、再婚者に対する注意でとくに大切なものは、再婚夫婦はとかく初めの対手のよい方面がしのばれて、ややもすれば夫婦のあいだが気まずくなり、ついには破鏡に陥りやすいものであるから、再婚者は先夫（または先妻）のことは一切いわず語らず、またその関係物品もできるだけこれを身辺から遠ざけ、まったく初婚者同志の気分と態度で、できるだけ雑音の交らぬ夫婦生活を営むべきである。しかも、相互にいっそういたわり合い、尽くし合って、初婚以上にも異体同心の努力を払わなければならない。

要するに、人間最後の幸福生活は、いわゆる「尉《じょう》と姥《うば》」のうるわしい自然生活にあるのであるから、貞女両夫に見《まみ》えずとか、封建的な節操第一な古い教訓は、比較的若い時代にのみこれを尊重し、世の中のすいもあまいもなめつくした老年者は、その辺をもっと自由に、もっと自然に考え、機会のゆるすかぎりは、一人もみじめな独身生活の無理がないようにしたいと私は切にねがっている。つまり恋愛と結婚は、若くして厳に、年老いては寛にという、普通一般とはアベコベの新しい見方考え方をしているのである。

三、世のため人のために尽くす法

勤労期から奉仕期へ

人生計画の勤労期四十五年間を働き抜いて、六十五歳以後の奉仕期に入ったとき、内にかえりみて、だれしも、自分の力を最高度に発揮し、人生の荒波を乗り越えてきたつもりになろうが、なお幾多の不満足や悔いが必ず残るものである。決してこれでもう十分だと考えられる人はきわめて少ない。

しかし、この六十歳代まで、自己に適し、自己の信ずる一つの仕事をなしつづけてきたのなら、特別な事情のある場合をのぞき、それだけですでに世間からも信用され、財産も地位も人並みに築き上げられるはずであるから、一応満足すべき境涯に入ったものとみなければならぬ。子供の多くはおのおの独立の域に達し、末ッ子でさえもたいてい厄介時代を過ぎているであろうから、まずまず生活の安定は得られていよう。個人的に大きな不幸、社会的に大きな変動のない限り、普通にはまあこう考えられる。

さて、このような年齢境地に達するとなれば、だれしも自分のことは心配しなくなるから、自然とその眼は外に向けられ、何か世のため人のために尽くしたいとの欲求に駆られてくる。そしてまた、自分の過去——とくに頑是ない幼年時代から教練期に至る二十年間において、両親の恩恵に甘え、師友、先輩の誘掖にすがり、広く世間一般のおかげを蒙って今日を在り得たことに考え及ぶと、それらの恩の幾分かでも報ぜねばならぬという感謝と謝恩の念が油然《ゆうぜん》と湧き出でてくるものである。こうした感情が一度老来の胸底に浮かんでくると、せめて自分にできる範囲内において、何か奉仕的なお礼奉公の仕事がしたくなってくるものだ。まず後進青年の世話、近隣知人の世話、金銭や働きでの公益事業に対する援助など、いままでの過去を無事で送らせてもらった社会に感謝する奉仕の生活が思い付かれてくる。事実それだけの力がなくとも、そうしたい念願が生まれてくる。この念願に対する老人の努力を、私はとくに人生計画の中に織り込んで実行に移したい。これを行い得ることは人生の至福至幸で、人生計画もここに至ってほぼ完成の域に近づいたとみられるのである。

総理大臣になるも結構

理想的にいえば、奉仕はどこまでも奉仕であって、一切が無報酬でなさるべきは申すまでもないが、この奉仕生活は、一身一家の生活が安定した上で、その余裕をもって社会公共に奉仕するという意味であるから、必ずしも初老期（六十六―八十五）をもって初めて行う必要はない。幸いにして早く順境に入り、職業的成功をもたらし、財力にも余裕を生ずるに至った場合は、中壮期（三十六―五十）からでもこれを行って差し支えない。できることならぜひそうしたいものである。

しからば、どの方面にどのような奉仕を志すか。私は将来における政治、公事、社会事業の多くが、全くの無報酬で、文字通りな名誉職にならねばならぬものと考えているものであるが、この場合、早く事業的な成功を収めて、生活上にも、活動上にも余裕を生じ得た人は、代議士、参議院の議会人となるもよし、政務次官、大臣、いやまたなれるものなら総理大臣になるのも結構なことだ。知事、市町村長、その他の公職者となり、また各種団体研究機関の委員、議員、役職員となって社会公共事業に尽くすのがよいと考える。もちろん、こうした公職に就くことばかりが奉仕ではない。自分自身にしかるべき創案を行って、私的に社会的貢献を計るのもきわめて有意義なものである。しかし、一部の人々をのぞき、こうした奉仕活動は、一般的には初老期以後の仕事と考えるのが至当のようである。そこで私もそれを六十五歳以後の人生計画に織り込むことにしたのである。

いずれにしても、この初老期時代は、学識、経験共に円熟の域に達し、過去における実績を社会的に認められると共に、地位も名誉も相当に与えられるのであるから、そのいうところ、為すところ、まずまず社会の規範にかなったものと見做《みな》してもよろしかろう。かように人格のでき上がった人々が、もし心を合わせ、いわゆるお礼奉公の赤誠を貫き、挙げて公共のために尽瘁《じんすい》するならば、政治、経済、その他社会万般にわたる文化の向上発達は期してまつべきものがあろうと信ぜられる。

また、そのお礼奉公の具体的方策については、必ずしも政治公職的方面にのみ限らぬ。前にも述べた通り、人おのおのの職歴が異なり、職域を別にしているものであるから、できるだけそれによって得た識見所信を生かすことが最ものぞましい。下手な代議士を志すより、上手な村会議員がよろしく、へまな村会議員よりは、最も熱心な部落会指導者たるほうがはるかによろしいわけである。

私のお礼奉公

私は停年の満六十歳で大学教授の職を退いたものであるが、当時なお心身共にすこやかで、まだまだ働き足りない遺憾があった。私立大学や実業界からも、幾多の好条件をもって就任の交渉がやってきた。しかし、私には六十歳以降をお礼奉公に当てる既定の人生計画があったので、せっかくながらそれらの申し込み一切を辞退、代わりに後進の適任者を推薦して、私は私なりに若い人々にはできないような奉仕の仕事を見付けたのである。

学生誘掖会、学友会、県人会（以上埼玉県）、帝国森林会、日本庭園協会、国立公園協会、都市美協会、造園学会、その他十数種に上る諸会諸団体の会長、副会長、または顧問、これらのいずれもは、右の見解によって私がその後引き受けたものであって、すべてが無報酬を建て前としたばかりでなく、創立後間もない会団が多かったために、その経済的基礎が確立されるまで、会長は年々多少会の欠損を補う立場におかれていたが、私はこれを当然課せられた名誉税であると心得、喜んでその義務を履行してきた。

なお選ばれて町会議員、学務委員、土木委員等（以上渋谷）になったこともあるが、あたかも政党政治がハナやかな時代で、醜き党争と利権争奪の坩堝《るつぼ》の中におのが身をさらす愚をさとり、いずれも一期四年で御免を蒙ったのである。その後私はそうした方面へのタッチを避けてきたが、もちろん、こうした諸弊の清算された以後には、いや清算されるためには、少壮有為の諸君が奉仕の意味で、進んで議員、委員、その他の公職者として大いに活躍せねばならぬと考えるのである。

私は従来、しばしば、単なる名誉欲からの公事活動、職業としての政治運動、生活のための議員商売には極力反対しつづけたものであるが、職業成功後の公事活動、生活安定後の議員奉仕にはもとより決して反対するものではなく、かえってこれを推奨したいと思う。

親類縁者の援《たす》け方

奉仕時代に入って、それにふさわしい仕事をするとなると、またその年齢にならなくとも、生活的に奉仕可能の地位になると、社会公共のことはあと回しにしても、まず近間《ちかま》にある親類縁者の世話をやいたり、補助をしたりしなければならぬ必要が生じてくる。しかし、この場合方法を誤るとかえって所期の目的にそわなくなることがあるから、よくよく注意が肝要である。このことは容易に似て実に難しい。あらかじめしっかりした考え方をしておかぬと自他共に思わぬ過誤に陥るおそれがある。

世間にはよくある例で、親戚中の成功者が、近親中の子供を次から次へと引き取って世話をすることもあるが、この場合初めから本人もそれを当たり前のことに思い込みやすいし、かつ幼少時代のものであるから、その上長者の美点長所をみることをしないで、いたずらに欠点短所ばかり銘記しやすい。したがって、感謝の念や尊敬の念もうすらぎ、加うるに、自分の子供らと差別待遇をしないで厳格な取り扱いをすると、そこに自然不平不満も生まれてくる。もちろん、根本的には世話をする人の徳不徳も問題にしなければならぬが、概してその結果は双方にとって面白くないものになってくる。これがもし、全く他人の苦学生であったような場合には、初めからなれなれしいところはなく、世話になった上勉強までさせてもらえるのであるから、心から感謝と尊敬の念も生まれ、その結果ひたむきな勉強修業の勇猛心をふるい起こし、いずれも好結果を生むに至るものである。かようなわけで、私はそれほどの困窮者でないかぎり、親類縁者の子弟を引き取って自宅で世話することには一概に賛成できない。もしどうしても世話をする必要があり、それを惜しまぬ考えがあるならば、単に一定額の学資だけを出してやるか、しかるべき他家へ預けて監督を生家に任せ切るがよろしいと思われる。

感恩報謝の仕方

次に縁戚の長上（両親、兄姉、伯叔父母等）に対する報謝は、相互の生活状態の如何にかかわらず心掛けたいことであるが、その代わり、それらの後継者――若ければ若いほど――に対しては、単に親族だからという理由だけで、金銭や物品を無意味に供与してはならない。それはかえって彼らに依頼心をおこさせ、独立心をうしなわせ、ついに不幸におとしいれることになるからである。私も前者の場合だけはできるだけつとめてきたつもりであるが、後者の場合は絶対に差し控えてきた。

もちろん、社会一般に対しても行いつつある奉仕時代であるから、もし親類縁故者中に生活の困窮者があれば、率先してこれを援助することはいうまでもないが、本当の援助救済は、金品を漫然とめぐむよりも、自らそれを作り出す方法を与えるに越したことはなく、とくに年少の者にとっては、貧乏、失敗、苦悩、悲哀などというものは、いずれも人生の貴重なる体験であって、これを乗り越えていくところに、真の人生が体得せられるものであることを徹底させたいと思う。

まことに、貧乏は発奮の動機ともなり、失敗は成功の母となる。貧乏や失敗の中にこそ、やがて人間を大成に導く萌芽が多分に潜んでいる。したがって、いたずらに若人の失敗を救済したり、訳もなく恩恵を与えることは、いつまでもその人を一本立ちにせず、独立自彊《じきょう》の慣習をつちかわしめない結果となり、実は親切でしたつもりのものが、かえって不親切な行為となるから、よくよく気を付けなければならない。

小金を持った老人には、得てしてしみッたれな一面があるくせに、とかく金を出して人を喜ばせたがる見栄《みえ》があり、親切過ぎてその実不親切に陥る結果があるから、とくにこの点に留意する必要がある。まして、身分不相応の大財産を擁していると、不知不識のうちに近親者に依頼心をおこさせることになるから、とんだ罪作りになるともいえる。

名誉職の受け方・つとめ方

勤労期から奉仕期に入った人のところへは、自然と各種の名誉職がもち込まれてくるようになる。差し支えないかぎり、またそれを引き受けるのが奉仕期のつとめというものであるが、いろいろな会長あるいは顧問等に選ばれても、八十歳以上にもなれば、適当な時期を逸せずこれを後進にゆずらねばならない。

いったい、老人は自惚《うぬぼ》れがつよく、われとわが耄碌《もうろく》に気付かず、いつまでも一ッぱしのつもりで、名誉の地位に恋々《れんれん》としている傾向があるが、これは自分もはなはだしく損をするばかりでなく、世間一般も大いに迷惑する場合が多い。私の知人の一人であるが、思うがままに出世して大臣にもなり、退官してのちに、世間から「会長屋」といわれるまでに各種の会長を引き受け、その数五十有余にも及んだ人がある。その社会的貢献はすこぶる顕著なものであったが、惜しいかな、その耄碌に気付かず、いつまでもその位置に頑張っていたため、ついには大切な会長席で人の名前を間違えたり、弔辞を述べる際に、次の会に用意してきた祝辞を半分も読んでしまい、途中で初めてそれに気付くという醜態を演じたりするようになってしまった。もはや、こうなると、ほかから勇退を希望されるのも当然で、すでに最も適当な引退の期を逸したものといわねばならなかった。名誉的なすべての会長職にも、常に新陳代謝が必要で、しかも、現会長に代わるものはたいていその後進または弟子たちである。したがって、心では勇退を希望していながらも、口ではそうと現さない。この辺で一つやめさせてもらおうかと、一度や二度しかるべきゼスチュアをみせても、儀礼的にはまあまあということになる。それを真にうけていい気持ちそうにねばっていれば、会長もいよいよ耄碌したものだと陰で笑われるようになる。したがって、老人の名誉職は一応の働きを終わったと思ったら、進んで自ら適当な機会をとらえて断然勇退すべきである。

後進への地位のゆずり方

老人が自ら耄碌したと気付くうちはまだまだよろしいが、本当に耄碌したことにも気付かなくなってしまうと、周囲のものから全くの厄介物扱いされることになる。また厄介物扱いにされていること、それ自体がどうしてもわからないのだから、耄碌もいよいよ極まれりである。

したがって、これを一般的にみると、まず七十以上、おそくとも八十以上にもなれば、あらゆる名誉の地位を一切後進にゆずるべきで、周囲の儀礼的な慰撫などは決してきくべきではない。万一にどうしても後任に適当な人がなく、その辞退がきき入れられない場合は、次に述べるような補助役付き会長法によって引き受けるのがよろしかろう。

武井守正氏は八十五歳で長逝されるまで帝国森林会の会長をつとめられたし、渋沢栄一氏は営利関係の諸会長を七十歳で一切を辞し、慈善、教育、その他の社会事業を目的とする会長だけを九十二歳で逝去されるまでつづけられた。また鈴木貫太郎氏は七十九歳で内閣を組織し、大隈重信氏も七十七歳で大命を拝受、存続二ヵ年五ヵ月にも及んだ。しかし、これらの人々には、いずれも多数有能な家の子郎党がついており、有力な腹心者の起用などがあって、その実務を内助せしめたものである。

さてそこで、私のいわゆる補助役付き会長法とは、副会長や常務理事に自分より学識経験に富む優秀な人物をすえるほか、若い働き盛りの秀才を高給で秘書役――すなわち、補助役といったもの――に採用、一切の会長事務を陰でやらせるという方法である。そうして、老会長は副会長か常務にその事務を代用せしめるか、自ら出馬するときは必ず秘書を帯同して何から何まで補助せしめるのである。立案、計画も多くはその参画にまかせ、その成案を会長自身の体験と識見において訂正し、もって会長の任務を果たしていくというのである。申すまでもなく、これはあくまでも、ほかに適当な後任者がない場合のことで、こうした方法に安んじて、いつまでも老体の長居を策してはならない。また次位候補者が二人以上あって、そのいずれを選んでも会の運営や折り合いに不都合を生ずるという場合も、やむを得ずこうした便法によらなければならぬであろう。

身の上相談の応じ方

長い人生のうちに、他人から「身の上相談」を一度や二度持ち込まれないという人はほとんどあるまい。これはその人にとっても真剣な問題であろうが、持ち込まれた人も真剣に取り組まねばならぬ問題である。ことにこの「身の上相談」を持ち掛けられることは、老人期に最も多く、これにいちいち適切な解答を与えるのは、また老人の適《はま》り役でもあろうし、義務でもある。そこで私は老人期の人生計画中に、このことについてとくに一言を費しておきたい。

そもそも、私が「身の上相談」という仕事を重くみるようになったのは、若い頃から迷苦煩悶をつづけてきた私が、常に恩師や先輩の親切なる指導を受け、また古典文学の金言名句に救われてきたので、このことの人生における重大意義をさとると共に、その御恩返しにも、若い人たちをできるだけ指導誘掖しなければならぬと気付いたからである。もっとも、これは実際にはなかなか難しい仕事で、常識経験に富む大成功者でなければ、真に正しい指導はできぬものである。私のごとき未熟不才の人間が、いまだ公然とこれを引き受ける資格はないと考え、できるだけ遠慮してきていたのである。それが八十歳を越えて急に感ずるところがあり、断然公《おおやけ》にこれを引き受けようと決意したのであった。

それには、自らの八十年の活体験は、決して自らの独占に終わらしむべきでない。人から与えられ、社会に得たものは、また人に返し、社会に戻すべきだと考えたからである。また時勢の変化は老人の無為徒食をゆるさなくなり、何かしら、社会的貢献をより積極的に志すことが必要と心付いたからである。そうしてそれには、いままで遠慮をつづけてきた「身の上相談」こそ打ってつけの老人の仕事であるとさとったからである。しかも、この仕事はすべて外部との交渉をもつものであるために、これを通じて時勢をみ、人情を察することもできて、老人の老衰と時代遅れをふせぐに最もよい方法ともなったのである。

私と「身の上相談」

かえりみれば、過去五十年間にわたって、私が与《あずか》った身の上相談はすでに三千余件にも達しているであろうか。私は若い頃からこの身の上相談めいたことには関係がふかく、自ら恩師先輩にいろいろ厄介になったのは別としても、十五歳から二十三歳までの苦学生時代に、すでにしかるべき大家について観相術を学び、身の上相談の素地を養っていたものだ。次いで二十七歳の暮れから、身の上鑑定所「南北館」の秘密顧問として、面白半分ながらこのことを手伝ってきた。その後三十歳の頃、偶々《たまたま》某伯爵家のお家騒動を解決したのが契機となり、貴族諸名家の家庭相談にあずかることとなった。さらに六十六歳の折、朝日新聞に投書したのがきっかけで、その後三年ばかり同紙上での身の上相談欄を担当させられた。その後は私宅宛に長文の身の上相談の手紙が来たり、本人自身の来訪があったりして、多忙な生活がまたそれに多くの時間を費させられたのである。伊東転住以後は、さすがに来訪者の数も減ったが、書面の相談は依然として多い。

右のような有様であるから、身の上相談計画も、私にとっては全く新しい問題ではなかった。ただ、これまでは頼まれて仕方なくやっており、忙しいときには謝絶していたのを、老後の思いつきとして、いよいよ公然と引き受けることにしたのである。もちろん、社会奉仕の一端で無料を建て前としたのであるが、いずれも当事者に真剣な人生問題であるので、私は勢い慎重な準備態勢をととのえ、その一つ一つに最善の判定と指導を与えることにした。

老後にふさわしい仕事

老来、私の「身の上相談」のやり方は、以前とは大分変わってきた。従来は、「慈善は物を与えるよりも、物を作り出す方法を与えるにあり」という信条に立脚していたので、その日の生活に困る人の身の上相談にも、理屈ばかりを並べていたが、近年はいささか考えが変わってきた。すなわち、どうせ身の上相談を掛けてくるくらいの人は、たいていどうにもこうにも方法に困り抜き、思案にあまっての末の人が多いのであるから、それらの人々にはまず、その人にぜひ必要な金銭物資を与えて安心させ、その上おもむろにかようかようの方法を取りなさいというのが、最も有効適切な途《みち》であると気付いた。つまり、いままでの身の上相談にくらべて、卑俗のようであるが、大乗的見地よりも、小乗的なやり方のほうがはるかに効果ある場合の多いことがわかってきたのである。幸い当時の私の経済生活には、年収の四分の一を慈善供与に当てる予算がとってあったので、どうにかその方法も大した支障なしに実行することができた。

ところが、戦後の経済変動とインフレの昂進に加え、財産税その他による負担過重で、老後のために残しておいた資産の大部分を失ってしまうことになったので、その実行もなかなか困難になってきた。そこで、今後は公然と相談所の名前において、謝礼金を出し得る人には相当の金を出してもらい、一方金に困る人へ分与するようにしたいとも考えたが、それまでの徹底化はさすがに実現をみるに至らなかった。もっとも、この計画については、孫達から八卦見や売卜《ばいぼく》先生の真似はみっともないから、それだけはぜひやめてほしいという抗議も出るには出たのである。

いずれにしても、身の上相談の仕事は、老人のなすべき、また老人にふさわしい社会奉仕であって、私の場合のように徹底的に考えなくとも、人生計画中に何人も織り込むべき一つの義務ケースであると私は考える。そこで、老来、少なくとも楽老期に入った人は、晴耕雨読の余業として、それぞれの機会と知識経験に応じて、こうした身の上相談の呼び掛けに、できるだけ親身に、できるだけ適切具体的に答えることを、老人のまた意義ある生き方の一つと承知しておいていただきたい。

四、老後に考えねばならぬこと

老人の別居計画

人間も六十、七十以上になると、すでに長男は普通不惑《ふわく》（四十）にも達し、次男以下もそれぞれにみな成長してくる。それが女子であれば他家に嫁して二人や三人の孫までであるぐらいになる。そこで、いつまでも家に頑張っている必要もなくなり、実はまた頑張っていないほうがいいことにもなる。

そのために、古来「隠居」という形式で、老人の別居が多く行われてきた。もともと「隠居論」については各人各説の異論があって、その賛否もいまだ半ばして決しないようであるが、それはあくまでも働き抜くか抜かないかの問題であって、老人別居論にはだれしも反対はないところである。

事実六、七十以上の老人になると、新たに嫁をもらい、子供や孫が大勢になってくるので、家も狭くなるし、老人の生活様式や趣味嗜好も、もはや家族全般のものと必ずしも一致しがたくなる。老人は静穏を概して欲するけれども、大勢と雑居していればそれも不可能となる。食物でも、起居でも、交際でも、老人の好むところが、家族全般には好まないところとなりやすい。ラジオ一つ聞くにも、趣味の相異でダイアルの置き場が決まらなくなる。あれやこれやの点からみて、別居生活の問題が生じてくるのは当然といわなければならない。

ところで、広く世間に行われている別居の方法を検討してみるに、その家の奥まった一室を老人専用に決めるもの、新たに離れ座敷を造るもの、同一邸内に隠居所を作り、入口や台所を一所にするもの、入口も台所も別にするもの、あるいは出入口は別にしても、食事は本宅から運ぶものなど、千差万別の場合が考えられる。

これらのうち、一般的に最もよいと思われる別居の方法は、少し離れた近所に、小さな家を作り、全く独立の生活を立てることである。同じ邸内へ隠居所を建てるような場合は、あまりにそれが接近していて、お互いに便利でもあるが、また不都合なこともある。すなわち、三度の食事や買物には本家へよけいな面倒をかけ、しかも若い人達の喧擾《けんじょう》や好ましからぬ雑音が伝わってくる。これではせっかく別居の意義を失うことにもなろう。それゆえ、別居は少なくとも二—三軒離れたところのほうが、お互いの自由が保たれておだやかにいく。「遠くは花の香、近くは溝《どぶ》の匂い」というのは、この間の事情を穿った言葉である。

理想的な別居法

しかし、右にも増して理想的な最良別居計画は、少なくとも一—二時間で行けるところ、また遠い場合でも一日に往復できるような景勝地に隠居所（別荘）を建てることである。しかも、その土地は、気候温暖な上に、山紫水明の海岸湖畔、あるいは温泉郷であればますます申し分はなく、それも、ときどき子供や孫たちが遊びにこられるような交通至便の地を選び得れば満点である。

さて、このような好条件の地は、富豪でなければ容易に得られぬように考えられがちであるが、初めから人生計画においてその方針を立て、その目的だけにでも勤倹貯蓄をつとめておけば、何人にも容易に実現し得ることと思う。人生計画の実行はこうしたところに妙味を発揮しなければならない。ここで私の体験を申し述べておくと、私はすでに二十五歳のとき、この別荘計画を決定したので、四十歳頃から各地に旅行するごとに、その候補地の物色に心掛けた。いろいろ研究の結果これはいいところだと思うと、その土地の知人または責任ある村長や有力者などに買い入れ方を依頼しておいた。そうして、その後三十年間に、気候のいい温泉地三ヵ所、海岸湖畔の景勝地三ヵ所、合計六ヵ所を隠退候補地として買い入れた。いずれもしかるべく小作に貸与したり、植林計画をすすめたりして、できるだけ維持費のかからぬようにつとめた。そこで、いよいよその一ヵ所に決定するに当たっては、他の不用地の一—二を売り払った金で、別荘建築その他一切の費用を支弁できるような仕組みにしておいたのである。私が伊東の歓光荘に、身分不相応なように思われる別荘をもち得たのは、この計画の結果にほかならない。

もっとも、かような別居生活の問題は、老夫婦双方が、無病息災である場合に限られている。

実際に、夫婦揃って共白髪に至るまで、人生計画を実行できるのは最ものぞましいことであるが、六、七十以上ともなれば、どちらか一方が欠ける場合が多い。わが国古来の風習にしたがえば、女は後家で通し男はやもめで通すのが普通であるが、老後といえども人間はやはり異性との共同生活をしながら世を終わるのが自然であるから、別居問題と共に、老人の再婚問題も——不幸にしてその必要あらば——同時に考えてみたいと思う。そうして、その再婚の見方考え方については、前途の結婚計画の項においてこれを詳述しておいたのである。つまりあとに残ったものが男性である際は、いわゆる後添《のちぞ》いを得て、それを機会に別居生活に入るのも一つの方法ではないかと考える。

財産の相続分配計画

わが国固有の家族主義生活の上に、自由主義資本経済が発達してきて、法制上にもこれが認められていた時代には、財産の相続分配についても、一種の習慣が是認され、実行され得て、私も幾度かそれについての相談にもあずかったし、また常識的にもこれを取りさばくことができた。

ところが、現在のごとく、新憲法で一応権利が平等に認められ、これに伴う民法の改正があると、理屈の上ではしごく簡単なようであるが、実際上にはかえって複雑怪奇を極め、これに関する混乱紛争が多くなってきている。したがって、法の精神は精神として尊重しても、あらかじめ適当な方法を立案研究しておくことは、人生計画上まことに重要になってきたのである。

まず従来の方法について述べてみると、一般に六十、七十になり、相続人が四十歳前後に達したとなれば、その相続人に自由な活動をなさしめるために、その戸主の地位（今日の民法では消滅した）と財産とをそれに譲って、自らは隠居または後見役となるのが一般の慣例であった。そうして、その際における相続分配法は、財産の一部（たいてい一〇—四〇パーセント）を隠居料として残し、他の全部を次の家長に譲るのが普通であった。ところが、時勢の変化、とくに家族制度を廃棄して個人主義を認めた結果、こうした古い慣例にしたがっていては収《おさま》りがつかなくなって、兄弟全部がわれもわれもと権利を主張し、ついに各方面に幾多の相続分配問題が、血で血を洗う有様を出現してきた。そこで私は、過去の実例がもはやなんらの権威をもたないようになったけれども、その長い間の慣習的実例にどこかよいところがあると考えるので、これらの相続分配計画にも参考になろうかとも信じ、次に私が「身の上相談」を扱って獲得してきた一、二の原則的事例を並べてみるとしよう。

上手な財産の譲り方

その一　現在の財産の大部分が、もし親の代から譲られてきたものであるなら、親から譲られた額の大部分または全部を相続人に譲り、自分の代に増殖した財産だけは相続人並びにほかの子供と妻に平分する。たとえば百万円の財産で、五十万円が家に伝わった財産、五十万円が自分の代に殖やしたものとし、相続人のほかに二人の子供があるならば、これに相続人と自分と妻とを加えて、一人当たり十万円ずつ分配する。つまり相続人は先祖からの財産五十万円と共に、併せて六十万円ということになる。ただし、自分と妻との二十万円では老後の生活に不充分となれば、不足分だけは年々相続人から補助させるようにする。

その二 全部本人が作り上げた財産（たとえば百万円）なら、その半分（五十万円）を相続人に譲り、残りの半分（二十五万円）を自分と妻に、その残余（二十五万円）を子供の総数に割って分与するのである。なお、自分と妻の受領分だけで老後の生活に不足する場合は、年々相続人から不足分を支出せしめるか、または相続人に渡すべき分の一部分を自分に運用して、自分の死後これを引き渡すことにする。この場合は相続人の器量性格をわきまえてそのいずれかを決しなければならない。

その三 自分の妻が後妻である場合は、とくに財産分配について生前ハッキリ取り決めておく必要がある。その用意を欠いたために、老後の家庭悲劇がいろいろ起こった例は、私の「身の上相談」にも頗《すこぶ》る多かった。口約束や、ただそういうつもりだったというだけでは、歳月のたつにつれて忘れたり財産が減ったり、考えも変わってくることがあるから、財産の相続分配問題は、それを思いついたときただちに実行するか、またはいつでも譲り受け人の都合で実行し得られるよう、その手続きと書類を完備しておくべきである。血族関係の間柄でさえ、財産の相続分配に際して感情的な衝突があり得るのであるから、とくにそれのない後妻に対しては、結婚と同時に死後分配の件を書類化しておくくらいの用意が望ましい。株券や不動産の場合なら、初めからその名義に書き替えておけばいよいよとなってのイザコザが少ないであろう。

以上は従来の慣習に従った財産分配法の一例であるが、今後いよいよ民主主義、とくに「働かざるものは食うべからず」の皆働主義ともなれば、いわゆる不労所得（財産収入）で生きていくことは困難となり、たとえしかるべき財産分配を受けても、とうていこれで生活の安定はのぞむべくもなくなってしまう。さらに、財産の譲与税や受贈税はいよいよ累増される傾向にあるのであるから、多額の財産を子孫に相続せしめるということそれ自体が不可能となってこよう。そこで、いかに子孫が可愛いからとて、それに財産を残して与えようといった古い考えはサラリとすてて、むしろ子供自身が必要な財産を自ら作り得るよう教育錬成をほどこし、親のこしらえた財産などは、一切当てにしない人間にすることが、はるかに重要問題となってくるのである。

したがって、財産遺産の最もいい処分方法は、一切合財、思い切ってこれを社会公共のために寄進してしまうことであって、私自身も及ばずながらある程度これを実行したのである。もっとも、今後といえども、新民法で認められた限度と方法において、人生計画の財産分与法を考えておくのが至当で、いたずらに自ら早まって財産否定に陥るのはよろしくない。財産制度が認められている間は、やはりその存在をどこまでも尊重しなければならぬ。

遺言状を常備せよ

ついでに、遺言状について一言しておきたい。

人が勤労活動期に入り、妻子をもち、すでに一家の柱石をなすに至ったら、自分に万一のことがあっても、遺族や関係者を方途に迷わしめないように、遺言状を常備し、厳封のうえ重要書類と共に保管しておくだけの用意がのぞましい。

私はたびたび海外旅行に出掛けたのであるが、第二回目に洋行する際からは、必ず出発前に遺言状をしたためることにした。それがつい習慣となって、毎年大晦日《おおみそか》に書き改めておくしきたりとなった。私の遺言状には、一般遺産に関するもののほか、主として学生時代から四十歳頃までの間に世話となり、恩を受けた人々に対する附け届けのことや、自分が死ぬと遺族のものもわからなくなるおそれのあることなどを細記しておくのである。しかし、七十歳以後においては、すでに恩人先輩たちはもちろん、その近親者まで世を去り、かねてより自分の果たすべき義務の対象者は、ほとんど皆無にも近い有様になり、とくに私は満六十歳に際し余財のすべてを関係諸方面に喜捨《きしゃ》し、併せて少し宛ながら子供に分配してしまった上、さらに七十七歳でそれぞれの形《かた》見分《みわ》けまですませたので、それ以後の遺言状は、ただ葬式のやり方といくらかの遺産処分法を記しただけで、しごく簡単なものとなってしまった。そこで近来毎年末に改正する必要もなくなり、ついにそのままずっと保存されている。

ところで、この遺言状常備の必要は、もはやわれわれごとき非現役者には少なく、むしろいまが働き盛りという壮年者にこそ最も大切な用意である。世上往々、遺言状といえば老人に限られ、また財産の分配指示に限られるように思いやすいが、最も活動関係の拡い、最も重要な地位、立場にあるときにこそ、これが準備を怠ってはならないものである。わが国においてはこのこともあまり普及していないようであるが、欧米人の間には普通一般のこととされており、遺言状を常備していないのがかえって異例とされている。遺言状もつまりは人生計画の延長、否最終の目論見書《もくろみ》とも称すべきで、私はとくにこれを壮年勤労期の必須事項の中に加えたいと考える。

五、楽老期をどう過ごすか

「愛される」老人

老境に入ると、毎年一つ一つとってきた齢ながら、人はいまさらのように自分の歳に驚く。しかし、もはやいくらあわてたところで、昔の若さに逆戻りするすべもない。いかに工夫してもアベコベには齢はとれないものである。

それなのに、中には、われわれの細胞は主として残滓物の蓄積により老衰するものであるからと、外科的手術とか、ホルモン剤の注射とか、とかく人為的な小細工に憂き身をやつし、極力老人の若返り法に狂奔するような人をもみかける。なるほど、それも近代医学に根拠をおくもので、ある程度一時的な効果もみとめられようが、遺憾ながらこれも絶対ではない。いささかなその効果もだんだんに薄らいできて、ついにはそうした方法の免疫性ともなって、かえってあわただしいまでに急速な衰弱を招いてしまうことになる。そこで私は、人為的な小細工を一切排して、若い頃から無理のない活動をつづけ、その活動力をできるだけ長く温存することによって、また、日常生活の注意をその方面に行きとどかせることによって、いつまでも若く、いつまでも元気であるようにつとめたい。そうして、普通の養生法と普通の健康法で、あくまでも自然な老人化につとめたいと考えるのである。

それからまた、老人は老齢と共に「愛」の感情が枯渇《こかつ》してくる。これがさらに原因となり、結果となって、ますます老耄におもむくものである。そこで私は、老人だからという理由のみで、真実に感ずる「愛」の感情をことさらおさえるようなことをしないのが大切だと思う。仲のいい老夫婦ははた目にもうるわしく、少しも滑稽ではない。子や孫や曾孫に対する真情流露の愛着は、十分その生活をうるおすに足る。それと同時に自らをも大いに若返らすものである。老人が老人めいて孤独に陥るのは、頑固で、負け嫌いで、利己主義で、かつ自らの愛情をおさえるからである。したがって、つとめて寛大に、謙遜に、親切に、何人に対しても愛感をもって接するならば、かえって若い人々から好《す》かれ、幼い者からなつかれ、その周囲もはなやかに、後進者にはこのうえもない頼りとされるのである。

「若くして長上に交わり、年老いて若い人々に交われ」とは、先哲福沢諭吉の有名な人生訓であるが、これは最も適切な青年訓であると共に、また最も適切な老人訓でもあるのだ。すなわち、老人だからとて、自ら求めていたずらに引ッ込み思案を決め込むべきではない。いうべきことはいい、なすべきことはなして、心身のゆるすかぎり自由に、おおらかに、自然の感情をもってすべてを振る舞うべきである。自由に、おおらかにといっても、決して老人のわがままを発揮するのであってはならない。むしろ老人の自意識をすてて、若い人々と同じ慎みを持つことだ。そうして、若い人々と同じにいい、かつ行うべきであろう。

いつまでも元気な法

総じて老いることの遅い人は、それだけ何かしら生存の理由をもっている人たちである。若い人々に交って、若い人々におとらず活動をつづけているものに限られている。大きな感激、大きな事業、大きな研究に組み付いている人生は、ちょっと考えには人間を疲労困憊《ひろうこんぱい》せしめるもののように思えるが、実はその反対で、大倉喜八郎、安田善次郎、浅野総一郎、馬越恭平《まごしきょうへい》の諸氏など実業界の大成功者は、八十ないし九十歳以上にして、なお大会社銀行の事務を統轄して立派にやってのけていたのである。またそれが長寿の原因ともなっていたようである。渋沢栄一氏は七十以後社会事業一本であったが、これも大会社銀行の経営と同じ意味をもったものであろう。尾崎行雄氏が「憲政の神様」として、生きて国宝化したのもやはりその例にもれまい。

こうした観点に立って、老人老後の安住法を考えてみると、だいたい、それを私は次の三点に要約することができるように思う。

その一は、壮年時代、勤労期からの仕事の一部を、そのまま同じように延長し、お礼奉公とか奉仕の意味をもって、後進者の邪魔にならぬよう心掛けつつ、しかも、その助けとなるようにその活動をつづけること。これは社会的にも大いに結構なことであると共に、自らの老衰をも免れしめる結果となるものに考えられる。

人間は活動するところ、そこに必ず新しい希望が生まれてくる。希望こそは人生の生命であり、それを失わぬ間は人間もムダには老いない。したがって、老人といえどもこの希望を常にもつべきで、それがためには絶えず働きつづけなければならない。もっとも、年をとってはそれほど働けないという人もあるかも知れぬが、それは働かないから働けないのだ。やらないからやれないのだ。何も老人にムリを強いるのではない。自然にしたがって自然に心身を働かせていけばよいのである。実際にも、停年になったからとて、また後進に途を譲ったからとて、昨年までやってきた仕事が、今年から急にできなくなり、昨日した仕事が今日はもうできないというわけはあるまい。こう考え、こう為しつつ、いよいよ日に新たなる努力精進を楽しんでいくならば、何人も勇退して急に老い込むこともなければ、老後の安住も心身共にこれを得られるであろう。

素直に生きる法

その二は、素直に老人は老年を受け入れることである。すでに争われず老境に入り自らその老来をさとるならば、それに素直に順応するがよろしいであろう。これは右に述べた老人期の活動力がなく、それに奮い立つ勇気もない人々にはとくに必要な心構えで、おれにはもう何もできないと焦りを感ずるよりは、はるかに安住的であり、幸福である。

実際にも、老年は闘争や勝敗を事とするときではなく、平穏にその成果に安んじ、それを通じて幸福を味わうべきときである。栄誉の空しきを知り、閑居の静けさを求めるに至ったものである。それまでに思うままの働きをしとげて、いまはゆるりと自分自身の時間をもち得たのである。ここで初めて、いままで自分がやりたいと思っていたことも差し支えなくやれる。改めて人間教養を積むもよいし、新しい知識欲をみたすもよい。何かしら研究らしいものに手をそめてもよく、専門外の専門に学問をするのもよい。こういう老閑の境地に至れば、文筆の心得のある人はとくに老後を美しくかざることもできよう。この場合文芸的な余技をもつ人はいっそうめぐまれているともみられる。

人間ももし、あらゆる愛情や野心や希望やが満たされたのち、それを超越して静かに安居できるならば、それこそ最も大きな老後の安住であり、幸福であるといわなければならぬ。無私枯淡な傍観者となって、静かに自分自身を眺め得るようになれば、健康にもめぐまれ、顔は和《やわ》らぎ、円満無礙《むげ》にして、限りなく高貴な眼差《まなざ》しとかわり、やがては無為にして化す楽老の極致に至り得るであろう。

これは第一法の最後まで働き抜き、勤め抜くと同じ意義をもつもので、しかも同じ努力精進を必要とするのである。一はただそれを動的にあらわし、一はただこれを静的にあらわすだけのちがいである。いわば、これは一枚の紙の裏と表、つまりは表裏一体に過ぎぬのである。

豊かに生きる法

さて、老後の安住法その三は、早くよりできるだけの陰徳を積み、その陽報に生きることである。

従来の経済社会では、壮年勤労期に相当な資産を作り、それを安固な運用に回しておけば、一応だれしも老後は安泰であり得たのであった。ところが、現在ではどんなに資産を残しても、それに頼り切ることはできず、またこれを自己の享楽安住の目的に自由に使うことは許されない。戦中、戦後の大変革を経て、いまや祖国復興のため、富めるも貧しきも、おしなべて最小限度の耐乏生活を強く要求されている。田畑、山林、家屋等のいわゆる不動産収入は、今後経済復興の大成されるまでは極度におさえられ、また徴税対象として注目されるであろうから、従来最も有利安全と思われたそれらの老後生計の投資物も、いまのところはすべてその用をなさない。そこで、勤労による一定額の収入確保が最も大切なものとなってくるが、それから離れなければならぬのが老後生活であるから、現在は老後安住のために一番せちがらい世の中ともみられよう。預金現金ではインフレの昂進がおそろしいし、株式投資では変動の不安がある。考えようによっては全く手も足も出ない有様である。それに加えて、物価の高騰は日用品にははなはだしく、食糧も薪炭も自由に、豊富にというわけにはいかない。ことに老人のごときは不労生活者とみられて物資の配給量も——この制度はだんだん廃止されてきたが——少なく、その生活は勢《いきお》い貧困を極めざるを得ない。なお、今後とてもしばらくは老人難渋の時代がつづくであろう。老人難渋はいつの世にもある社会現象の一つと考えてかからねばならぬ。

それだからこそ、老人安住の法は、老人もしくは老後をおもんぱかる人々の、常に変わらぬ大きな問題なのだ。そこで私は、第一にできるだけ分相応の働きをつづけるようにする、もしつづけられなければ、第二に思い切って静穏《せいおん》な消極生活につとめることを提唱するのであるが、第三には前々からの用意と心掛けで、この陰徳を積んで陽報を待つ生き方を考えるのである。すなわち、これは青壮年時代を通じて、人並み以上に働き、人並み以上の耐乏と節約につとめて、その余剰資力で、ひそかに人の不幸を救い、学資の援助、社会公共への貢献などを行うことであるが、そのこと自身がすでに老後の大きな精神的慰安となる。しかも、その陽報はなんらかの形で必ず現されてくるものであるが、それを決して必ず来るものと待ち構えてはならない。あるいは待ち構えて行うことそれ自体が、すでに不純で、間違っているとも、いえばいえよう。陰徳はあくまでも文字通りの陰徳で、その報償があってもよし、なくてもよし、ともかくそれを行ったということに老後の精神的安住を求めることである。しかも、それは実際において、精神的のみならず、物質的にも豊かな、幸福生活を必ずもたらすものと私は信じている。

老人の六癖・七戒

ここで私は、わかりやすい老人訓として、かつて古人今人の作歌を通じ、自ら「老《ろう》癖《へき》六歌撰」というのを作ってみたからそれを一つ御紹介しておくとしよう。これを日常座右に置いて眺めていると、自分の起居動作にも不思議と同じような癖が現れてきて、おそろしくも、また恥しくなる。いわゆる微苦笑ものである。そこで、その救済策として、私はさらに「老人自戒七則」というものを作ったが、それもついでに参考までに掲げておこう。

老癖六歌撰

○
くどうなる気短かになる愚痴になる
思いつくことみな古くなる
○
聴きたがる死にともながる淋しがる
出しゃばりたがる世話焼きたがる
○

またしても同じ話に孫褒める
　独りしゃべって人に云わせず

〇

いまを貶《けな》し昔を褒めて今朝《けさ》のこと
　昼は忘れてまた聞き直す

〇

新しい科学まなばず古臭い
　詩歌《うた》や古典をまた繰り返す

〇

いまの世に善き事あれど悪しき事
　まず眼につきて世の厭《いと》わるる

老人自戒七則

一、名利と齢《とし》とに超越して、日に新たなる努力を楽しむ。ただし、他人の名利と齢とはこれを尊重すること。

二、他者、来訪者の言に傾聴して、問われざるは語らず。

三、自慢話、昔話、長談義はこれを慎み、同じことを繰り返さぬ。

四、若人の短所、欠点、失敗を叱らず、かえって同情的にその善後策を教える。

五、若人の意見、行動、計画を頭から貶《けな》さず、できるだけそれを生かし、助長する。ただし、その欠点や危険を気付いた場合は、参考までにアッサリと注意する。

六、老人の創意、創作は、一度若人たちの意見に徴し、その賛成を得た上で発表する。しかも、その功は若人に譲り、責は自ら負うことにする。

七、会議、会合にはまず若人に発言させ、老人自らはその後に発言する。しかも、なるべく若人の言を生かし、補正すべきを補正、いわゆる錦上さらに花を添える意味にしゃべること。

若い者に対する教訓法

さて、ここにもう少し、子孫や若人に対する老人の態度を申し述べておくと、老若間、とくに親子の間に起こりやすい悲劇的衝突、または誤解は、老人が自らのかたくなな感情や知徳を若い人々に押しつけようとすることから起こる場合が多い。だが、いったい感情や思想や知徳やは、年齢と共に変化していくものであり、かつ親の体験をただちに子や孫に伝えたり、与えたり、わからせたりすることはなかなかできにくい。したがって老人のもつ気持ちや生活を、そのまま若い人々にもたせようと思うのははなはだムリな注文で、強いて押しつけようとすると、そこに衝突が起こり、親子の間などにも不和の原因が生まれてくる。

したがって、老人の若人に対する訓戒などは、なるべくこれを少なくするようにしたい。——といっても、教戒癖は老人のなくて七癖の一つであるが、ただその場合、豊富に持ち合わす実例だけを面白く物語って聞かすことにしたい。またそれだけで十分事足るものでもある。もしくどくどしく老人の意見を若い者に押しつけると、かえって反感反発を買うことになるから、何事にもアッサリ物語的に話すがいい。それがむしろ若人の好奇心をそそり、もっと詳しくと先方から要求するくらいになるのである。私が晩年、自分の子孫や一般の若人たちに、直接法の教訓や頭ごなしの説法をしないようにし、ひたすら自分の体験をもとにして、あるがままの世の中をいろいろ知らしめることにつとめたのは、やはりここのねらいをねらった結果である。

老後を楽しくする法

私の人生計画では、楽老期を満八十五歳以後と定めたが、これはその人々の境遇、健康、心境、その他によっていかように決してもよろしいであろう。さてこの期は、十分に働いてきた、十分に社会奉仕も尽くしてきた、何もかも自分でやれるだけのことはやってきたという自信と安心の下に、本当にゆっくり余生を過ごしたいものである。

すなわち、いわゆる晴耕雨読時代であり、人生指南時代であり、無為化時代でもあるのだ。

実際、年老いても働学併進、健康に、元気でこの段階まで生き伸びて、人生計画最後の仕上げに達した人々は、シェクスピアのいうごとく「終わりよければ総てよし」で、まこと至幸至福の境涯に入ったものといわなければならぬ。

ここまで人生の旅路を旅してきた人は、たとえ自己流であろうとも、確乎たる一つの人生観、処世観をもつことができよう。行往坐臥の一切が少しもムリでなく、行くところ蕩々《とうとう》たる大道をなし、人生の規矩準縄《きくじゅんじょう》にもかなない、いわゆる無為にして四囲を化し、社会の指導もできるであろうし、世を益することも可能となるであろう。そうして、世間から尊敬され、敬慕もされ、名利や贅沢を超越した簡素にして豊かな、自然的晩年生活を楽しむことができるのである。

しかし、この期においても、前述の老人生活法を一度《ひとたび》誤るならば、人に嫌われ、邪魔者扱いにされて、ついには孤独の深淵に突き落されてしまうことになろうから、何人も大いに自戒を要する。全く、この楽老期を有意義に過ごすことは、人生最後の段階を飾る意味からもきわめて大切なことで、願わくばわれ人ともに、人間一個の完成に近い、真・善・美と、そして円満無礙の限りなき高貴を実現させていきたいものである。

人生計画の最終段階

楽老期に入れば、何人も責任ある地位や仕事を離れているであろうし、また離るべきである。だが、奉仕期時代からの多年の習慣を急に改めることは、かえって心身の健康に有害であるから、できるならば漸を追うてその仕事を減らし、おもむろに純粋な楽老期の生活に移るように心掛けるがいい。そこで、楽老期の仕事といえば、心身にムリがなく、できるだけ慰安と保養になるようなものを選ぶべきで、私のような学究者の老後は、晴耕雨読生活の延長が最も好ましいと思われる。それには小規模な軽い農業や園芸を趣味化し、仕事というよりも娯楽にするようにすれば、常に新鮮な空気を呼吸し、適度の運動もできるため、身体の新陳代謝を促進して一種の若返り法ともなるのである。そのうえ手作りの新鮮な蔬菜《そさい》や果物を常食とするから便秘も防がれ、日中軽い労作に従事することによって、食欲を増し、睡眠も十分取れ、精神的にもいちじるしく若さを取り戻すことができる。

なおこうした園芸趣味のほかに、神社仏閣をめぐり歩くもよく、知人後輩をたずね歩くのもよい。山に行き、水に行き、清流に釣糸を垂れるもよい。風静かに天気晴朗な日は、つとめて外気にふれ、風の日、雨の夕べは、内に籠居して静かに読書執筆などを楽しむ。——これまことに、老人の至幸至福ではあるまいか。

碁、将棋、和歌、俳諧も結構、あるいは茶や花、あるいは書をかき、画をたしなむのも老人向きな消閑法である。人おのおのに、楽老期を過ごす手段《てだて》はいくらでもあろう。

さらに、老人はややともすれば時流に取り残される傾向にあるが、何もあえて「新しがり屋」になる必要はない。ただつとめて、ラジオ・ニュースを聴いたり、新聞雑誌を読むことを怠りさえしなければよい。できることなら、新知識の盛られた新刊書にも目を通せばますます結構だ。そうして、自分の体験に照らし合せて疑問のもたれる新知識にいき当たったら、若い専門家や学者などの意見を徴した上で、遠慮なくその所信所感を発表するのも有意義なことに思える。

私もようやく人生計画の第四期である楽老の時代に入った。今後の生活は全く未経験であって、これを体験に基づいて諸君に語ることはまだできない。しかし、幾多長老先輩の実生活も見聞しておるし、それに関する先哲の著述もいくらかは読んでいる。そうして、私は私なりに名利を超越して、ようやく凡愚、大愚の境域に入り、晴耕雨読の続行と共に、能う限り後進者の指導誘掖をもくろんでいる。要するに、私の新人生計画において望んでいる楽老生活は、ひたすら、自然のふところに遊ぶ一個の自由人になりたいことである。そうして、静かに無為化の境地に向かって、幸福なる生涯を捧げていきたいと思うのである。

いかなる最後を求めるか

最後に最も重大、かつ厳粛な問題は「死」である。さて、老人はいかに死ぬべきか、といったところで、人は決して死を急ぐべきではない。またみながみなまで、理想通りに死ねるわけのものでもないから、ここでは、不可避な肉体の崩壊——いわゆる「死」——を迎えるわれわれの態度と、かく死にたいという私の希望を述べるにとどめよう。

正に、われわれ生物の肉体の崩壊は、いかに科学が進歩しようとも、絶対に避け得ない現実である。いかに叫《きよう》喚《かん》怒《ど》号《ごう》しようとも、じたばたしようとも、これをとどむるなんの手段《てだて》もない。かよう絶対に避け得られぬ現実に直面する場合、われわれのとるべき最も賢明な策は、虚心坦懐、素直な心をもってそれを受け入れることであろう。しかし、それは単なるあきらめであってはならない。その奥底に歓喜の光が輝いた悟《さと》りでなければならない。何人も死に直面しては、もはや富も、権力も、栄も、虚栄もない。ここにただあるものは死の厳然たる事実のみで、ここに精神道徳の世界が全面的に繰り展《ひろ》げられ、ここに人間完成の最後の光輝が燦然《さんぜん》と照りかがやくのである。

死は実に人間最終の、ただ一つの真・善・美だ。

宗教的にこれをみるならば、人生のすべてはいついかなる場合何人も、いろいろの迷いを抱《いだ》いてさまよいつつあり、常に悟りないし信仰にたどりつこうとする過程にある。その対象の如何にかかわらず、人は信仰への求道なくしては生きることを得ない。科学者は科学を信じているであろうし、何ものをも信じないという虚無主義者も虚無を信じている。だから、「死」の解決についても、だれもが必ずもっているこの信仰の力にすがる必要を認めるのである。仏教では西方浄土をいい、基督教では天国を説いている。いずれも死はかりそめの通路であって、それを通り抜ければ永生不変の極楽があるように教えている。天国は地上よりもはるかに清く、うるわしく、また楽しい。死はかえって喜ぶべきもの、感謝すべきものに説いている。これを信ずると否とはその人々の信仰問題であるが、いずれにしても、死に直面して人は何事をか必ず信ずるものがあろう。また信ずるところがあらねばならぬ。

すでに繰り返し述べてきたように、私は生命の永劫不滅を信じている。たとえ生命の容器である肉体は死滅しても、わが生命、わが精神は、直接には生殖細胞によってわが子孫に遺伝し、間接には私一代の業績や著述談話等によって、永く後世に生き残ることを確信している。したがって、私は死が現実性をもって迫ってきても、それほど恐れはしない覚悟であるが、また別に喜び迎えるようなこともしないであろう。生きられるだけは生き、日に新たなる努力を楽しみつつ、世のため人のために働き、希《ねが》わくば、朽ちざる事蹟の墓標の下に眠り、知らるる名に残り、伝わる精神に生きたいと念じているのである。

あとがき

本多先生の御逝去に先立つ一週日、先生の代理の方からというので、再三、電話がかかり、速達が来て、「先生がぜひ一度お目にかかりたいとおっしゃっていますから」と、伊東の国立温泉病院への至急往訪を請われた。

病床の先生は思いのほかに弱っておられた。主治医伊藤博士も、面会謝絶になっているが、という特別の許可であった。私の御見舞に身を起こして喜ばれた先生は、いきなり『人生計画の立て方』の稿本についての御指示があり、さらに筆記の用意を命ずると共に、いつもに変わらぬ元気な語調になって話し出された。

「私は私の読者に、改めて一言を贈りたい。私はまだ生きるつもりにしているが、人生必ずしも意のごとく運ぶものとは限らない。そこで、運んでもよし、運ばないでもよしで、人は常に最善の用意をしておかなければならぬ。これが人生即努力のゆえんである。私は百二十まで生きるつもり、また生きてもよいつもりで、私の人生計画を樹てた。そしてそのように、努力をつづけてきた。いまここで再び起たぬことになったとしても、これは決して無意義に終わったものとは考えない。百二十を目標とした八十五年（満）の充実は、本多静六にとって、満足この上もない一生だ。努力即幸福に対する感謝の念は一杯である。

どうか読者諸君も誤解のないように願いたい。百二十を目標に樹てた人生計画は、百二十まで生きなければ未完成というものではない。八十でも九十でも、いや六十、七十までしか生きないのでも、立派にこれを生かし、遺憾なく充実を期することができる。いつどこで打ち切りになっても悔いるものがない。人生即努力、努力即幸福、これは人寿の長短にかかわりなく絶対だ。私はこの際、とくにこのことに念を押しておきたいと思う」

ここで先生は、大きな手を差し出して、力強い握手を求められた。

私は先生の病勢の、容易ならぬもののあるを憂うると共に、その瀕死の病床に在ってなお、その読者に対する切言を念頭にめぐらされる著者精神の、高邁かつ熾烈なるに感激、思わず涙滂沱たるものがあった。これが長い間の愛顧と指導を忝《かたじけの》うした私と本多先生との永別であった。

故博士の遺志に従って発刊された本書は、田村、増田両助手協力の下に、博士がすでに昭和二十年に一応脱稿されたものであるが、時あたかも戦後の混乱時代で、政治、経済、その他の変転はなはだしきため、爾来六ヵ年余慎重に検討が重ねられ、その上長孫植村敏彦（医博）、五孫三浦高義（農学士）、第三女婿大村清一（元文部次官・内務大臣）三氏の補正を経て完備を期し、最後に故博士の遺命により私が原稿整理並びに校正を行い、発刊まで一切の御世話をさせて頂いたものである。

なお本書の発刊に際し、故博士と同郷関係にあられる中央大学総長林頼三郎博士より、とくに懇篤な序文を寄せられたことは、故博士の大いなる喜びとされるであろうことを信じて、厚く謝意を申し述べおきたい。

昭和二十七年六月

寺 澤 栄 一

解説

本田　健

みなさんは、本書を読み終えて、どういう感想をお持ちになりましたか？

「六十年も前にこんなすごい人がいたんだ」と感心するとともに、その深い英知が、全く古くなっていないことに、驚きを感じられたのではないでしょうか。

このことは、まさしく、本多博士の人生哲学、処世術が世代を超えて通用する本物である証《あかし》なのではないかと思います。

私と本多静六博士との出会い

私が本多静六博士のことを初めて知ったのは、渡部昇一氏の著書に紹介されていたのを読んだときでした。林学の専門家で学者でありながら、経済的にも大成功された希有な才能を持った方であると知りました。私は、経済的に自由になる方法を常に研究し、多くの人にコーチングしていますが、現代でもそのまま使えるその実践的な哲学に、つくづく感銘を受けました。

また、本多博士がなによりすばらしいと思うのは、人生を生きる態度が爽やかなことです。経済的、社会的に成功した人は多くいますが、悠々自適な老後に満足してしまうのが普通です。博士は、七十歳をすぎても、まだ十分に社会的に何も貢献していないという感覚を持って、熱心に社会還元の活動に励んでいます。世間的には（何もしなくとも）許されるのかもしれないが、死ぬまで向上していきたい、と著書で述べています。実際に、数え年八十七歳で亡くなるまで、すべての分野でご自分を向上させ、社会に奉仕する精神を持ち続けられたと聞きます。

最初に本多博士の本を読んだ当時、私は、育児セミリタイヤ中で、同じような感覚を持っていました。仕事もせずに、育児だけをやっている状態でしたが、最高に楽しいながら、自分だけの幸せを追い求めていいのか？　という疑問も感じ始めていたところでした。

そんなときに、本多博士の人生哲学に触れ、「そうだ、自分も何か社会に貢献できることをやりたい！」と心から思いました。それから、一年足らずのうちに、私が育児セミリタイヤから一歩を踏み出すきっかけとなった小冊子『幸せな小金持ちへの8つのステップ』を書くことになりました。そういう意味で、それから五年の年月を経て、本多博士の本の解説をさせていただく縁の不思議さを感じ、またその光栄な役割に感激しているところです。

人生計画の重要性

人生を十年から十五年のサイクルにわけ、それぞれの期間になすべきことが明確に語られていたのは、印象的でした。篤志家としての本多博士のイメージだと、社会還元を優先するべきだということが出てくるのかと思いきや、まず四十歳までに自分の生活の安定を最初に考えるべきだという主張は、博士の実践家的な側面を物語っています。また、四十歳から六十歳は、自分の専門性を通して社会に貢献すること。そして、それ以降は、もっと大きな視点から与えることをするべきだという主張には、考えさせられました。多くの人が、手っ取り早く儲けてやろうと考えている現代にこそ、こういう骨太な哲学が必要なのではないかと感じます。

若い学生の頃に、急にまとまったお金を手にして身を滅ぼしてしまった知り合いの話は、私も似たようなケースを身近で見たので、全くその通りだと思います。自分の人生をどう生きたいのかという計画がなければ、一時の経済的な成功は、かえって人生をダメにしてしまうものです。

計画性と自由性について

計画したり、目標を持つと、自由が失われると考える人はたくさんいます。それは、計画すると、杓子定規になりがちで、なりふりかまわず頑張らなければならず、人生を楽しめなくなるというのが、その主張でしょう。

しかし、本多博士は、計画したがらない人に対して、するどい観察を披露しています。人生設計は、まさしく自由になるためにするべきだというのです。計画して、着実に自分の打ち立てた目標を達成することで、自由を得ることができる。また、その過程で臨機応変に対処することが、まさしく自由だというのです。

私も同感です。私は人生の生き方には「目標達成型」と「展開型」という二つのタイプがあると、著書で説明しましたが、博士も別の角度から同じことを言ったのだと思います。目標達成を頭においてやっていくスタイルと、自由にルートを考えながらすすむ融通性の両方を持たなければ、真の自由に行き着くことはできないのではないでしょうか。

長期的に人生を捉えること

日本人の寿命が八十歳を越えた現在、二十歳で成人してから、おおよそ六十年生きる計算になります。三十歳からでも五十年もあるのですが、ほとんどの人が生き急いでいるように見えます。私は、三十歳から四年間ほぼ何もせずに育児に専念しましたが、それは長い人生で四年間ぐらいなんともないと考えたからです。

ＩＴブームなどもあり、「短期間で儲ける人が偉い」という風潮ですが、今まで私がインタビューしてきたお金持ちは、幸せな人ほど、ゆっくり資産を築いています。それは、短期間でお金を稼ごうとすると、いろんな人に負荷がかかるからです。会社の社員、家族、取引先を不幸にしながら、生き急ぐことにどういう価値があるというのでしょう。それよりも、じっくりと自分の専門分野を極めながら、ゆっくり資産を築いていくことが、幸せな人生をつくると私は考えます。博士は、いろんな人生を見て、どういう生き方が幸せにつながるのかについて考察された上で、長期的に資産を作る生き方を選択したのだと思います。

職業の道楽化をはかる

本書には、職業の道楽化をはかるという項目がでてきますが、私のもっとも好きな部分です。「好きこそものの上手なれ」という言葉を引用して、好きなことをやらなければ、また仕事を道楽のようにしなければ成功できないと語っています。明治の頑固な男は、「嫌いなことでも、それが仕事なら我慢して、意志を貫いてがんばれ！」といいそうですが、好きなことをやれ！　とは、何とも爽快なアドバイスではありませんか。

本多静六博士の人生を見ると、まさしくこの「好きこそものの上手なれ」を地で生きた方なのだと思います。

私がある出版社と一万二千名の億万長者のアンケート調査を行ったところ、仕事に関して、おもしろいデータがでました。億万長者は、仕事を得意なこと、好きなこと、人に喜ばれることという基準で選んでいるのです。博士もまさしく同じように、好きなこと、得意なことに注力し、成功を収められたのでしょう。博士は、自分の生涯のテーマが林業だったので、山林投資で成功したわけですが、会社の経営が専門テーマなら、彼は株式投資で大成功したのではないかと想像します。

現代にもそのまま通用する処世術

本書で語られる処世術は、すぐに使えるものばかりです。たとえば、人から金銭援助を頼まれたときの対処法は、おもしろいと思いました。

お金にしっかりしている人なら、一般の金融機関から借り入れられるのに、それができないから個人的に頼んできている、というのは、鋭い指摘です。それが分かった上で、助けるなら、それを貸したことにしてはいけないと博士はいいます。信用もなく金融機関から断られた人間が、しっかり返済することを期待するべきでないという考え方です。

成功した企業家でも、友人や家族から援助を頼まれると、なかなか断れず、援助してかえって相手をダメにしているケースを私はたくさん見てきました。その結果、逆恨みされたり、援助した人の自立力を奪ってしまうことは、最初には、なかなか見えないのです。ただ単に援助するのでなく、その人が、自分で立つ力をつけるように手助けするという考え方は、的を得ていると言えるでしょう。

また、老年における身の処し方、愛される老人、死に際してなど、普通の人なら避けたがるテーマにも、ずばり切り込んでいくところは、本多博士のさっぱりしていてユーモアたっぷりな性格をうかがい知ることができます。博士は、あらゆる面で、人生を深く考え、そのすばらしい観察眼を持って、物事の本質を見極められるに至ったのでしょう。本書が書かれたのは、もう六十年ちかく前になるのでしょうが、博士のメッセージは、少しも衰えを見せていないのは、驚くばかりです。

本多博士は、やるべきことをコツコツ地道にやった普通の人

興味深いのは、文章から感じる印象ですが、博士が自分は決して天才と言うわけではな

く、どちらかというと、凡才の類だと考えていたことです。確かに、本書で述べられているることに、突飛なこと、非常識なことはほとんどないと思われます。しかし、そのすべてを長年にわたって実行し続けるとなると、普通の人ではなかなかできないことではないでしょうか?

二十五歳にして、一日一ページの原稿執筆、そして収入の四分の一の貯金。これは思ったほど実行に移すのは簡単ではないでしょう。

いかに自分に投資しながら、収入をはるかに下回る生活費で暮らすのか、という倹約の思想には、大変共感しました。私も、学生時代は、家賃一万五千円のアパートに住み、十万円以上を本代にかけていた時代がありました。そういう経験から、自分を律するのがいかに難しいのか、よく理解しているつもりです。一時的だけではなく、それを生涯通して貫いたところが、博士を天才にしたのでしょう。

我々凡人は、いっぺんにそれをやろうとせずに、少しずつ長い人生の中で身につけていこうと思ったほうが、楽になるのではないかと思いました。

何故金持ちになりたいのか、理由を考える

お金持ちの研究から、私は「お金とのつきあい方」に、三通りあると考えています。ひとつは、多くの人がそうですが、お金の奴隷として生きる。もうひとつは、お金を奴隷にして生きる。三番目は、お金を友人やパートナーとして扱うやり方です。

本多博士は、この三番目のつきあい方をされたタイプだと思います。このつきあい方をする人は、幸せなお金持ちに多くいます。お金を人や社会を幸せにしてくれる原動力だと見なして、最大限に貢献できるように、考えているのです。おそらく、同時代を生きたアンドリュー・カーネギーの影響もあるのでしょう。前半生で、社会に貢献して富を得て、後半生では、得た富や知恵を社会に還元するという生き方です。

本多博士は、金持ちになれ！　といっているわけではありません。自分の持っている才能を社会に使えと言っているのです。そして、自分の才能を社会奉仕に使った結果として得た富をまた、人生の終盤で社会に還元するべきだと主張しているのです。その深さには、心がふるえる感動を覚えました。

本業と周辺ビジネスで成功するのが、蓄財の王道

本多博士の人生で興味深いのは、もっともお金から縁遠そうな林業が専門分野でありながら、大金持ちになったことです。大学教授という職業は、一見するとお金儲けから遠そうですが、やり方によっては、誰でも億万長者になれるという好例でしょう。

自分の専門分野を極めていけば、その周辺に必ずキャッシュポイントは、見つかるものです。私の知り合いの大学の教授も、株式に投資して、定年の頃に億万長者になった人がいます。大切なのは、時間を味方にすることです。五年、十年という短期でもありません。少なくとも三十年という長い時間の流れで、価値が上がっていくものに投資することで、莫大な利益を上げることは可能なのです。

自分のライフワークの周辺に将来大きく育っていくような投資案件があるか、いつもなんとなく意識の片隅においておくことです。本書にも、博士がどこに視察に行くのにも、目盛りをつけたバンドとステッキを持っていったというおもしろいエピソードがありました。自分の専門分野を徹底的に極めると同時に、周辺の知識を使うことで常識を遙かに超えた成功を実現できるのです。

どんなことにも好奇心を持って、長年にわたって幅広い教養と見識を身につけたことが、投資家として成功した理由なのでしょう。

人生の目的

本多博士は、最後に、人生の終盤にあたっての考察を述べています。

「何人も死に直面しては、もはや富も、権力も、栄も、虚栄もない。（中略）死は実に人間最終の真・善・美だ」

この言葉には、富や社会的な成功よりも、真実を生涯通して求めた博士の哲学が集約されていると感じました。

本書の「あとがき」で、博士は、「死後、本書が多くの人に影響をあたえることを確信している」と語っています。世の中を見通す力を持っている人は、未来をも予見する力を備えていたのでしょう。博士が言うとおり、没後五十余年を経て、なお、博士の生き方、人生哲学は、少しも古びることなく、普遍性を持っているように思えます。

読者の皆さんが、本書から何らかのヒントを得て、幸せで豊かな人生を送られることを祈念して、筆を置きます。

（ほんだ・けん　作家、お金の専門家）

本書は、一九五二（昭和二十七）年六月に小社より刊行された同名書を、オリジナルの形で新たに出版するものです。このたびの刊行に際しては、本多健一氏（本多静六氏嫡孫、東京大学名誉教授）にご監修いただき、編集部で誤植・誤記の訂正、字句・仮名遣いの統一を行いました。また、岡村夫二氏による装画は一九五二年の初出時に使用したものです。

なお本書中、今日の観点から見ると不適切な表現が一部にありますが、著者の考え方と執筆当時の時代相を伝えるものとして、原則として底本を尊重いたしました。

（編集部）

人《じん》生《せい》計《けい》画《かく》の立《た》て方《かた》〈新装版〉

二〇〇五年　七月二〇日　初版第一刷発行
二〇一三年　七月　八日　初版第十刷発行

著　者　本《ほん》多《だ》静《せい》六《ろく》

監修者　本《ほん》多《だ》健《けん》一《いち》

発行者　増田義和
発行所　実業之日本社
〒一〇四―八二三三
東京都中央区京橋三―七―五京橋スクエア
〇三―三五六二―四〇四一（編集）
〇三―三五三五―四四四一（販売）
http://www.j-n.co.jp/

組　版　千秋社
印　刷　大日本印刷
製　本　ブックアート

ISBN978-4-408-39584-5（学芸）

2005, Printed in Japan